연세대학교 김대중도서관 연구총서 ⑤

김대중 1차 망명과
반유신 민주화 운동

연세대학교 김대중도서관 연구총서 5

김대중 1차 망명과 반유신 민주화 운동

2023년 8월 7일 1판 1쇄

지은이 류상영·정근주·장신기
펴낸곳 연세대학교 출판문화원
주소 서울특별시 서대문구 연세로 50
등록 1955년 10월 13일(제9-60호)
전화 02) 2123-3378~80
팩스 02) 2123-8673
전자우편 ysup@yonsei.ac.kr
홈페이지 http://press.yonsei.ac.kr
인쇄 화신문화(주)

ISBN 978-89-6850-750-2 (93910)

값 18,000원

연세대학교 김대중도서관
연구총서 5

김대중 1차 망명과 반유신 민주화 운동

류상영·정근주·장신기 공저

연세대학교 출판문화원

발간사

이번에 출간하는 『김대중 1차 망명과 반유신 민주화 운동』은 연세대학교 김대중도서관이 장기프로젝트로 기획 중인 김대중도서관 연구총서의 다섯 번째 책이다. 김대중의 1차 망명 활동은 1972년 10월 18일 유신 반대 성명을 발표한 이후부터 1973년 8월 8일 중앙정보부로부터 납치를 당할 때까지 10개월여 동안 일본과 미국에서 이루어진 반유신 민주화 운동을 뜻한다. 이 책은 이때 이루어진 김대중의 다양한 활동의 내용과 성격을 구명(究明)하는 데에 목적을 둔다.

김대중의 1차 망명 활동은 한국 민주화 운동사에서 매우 중요한 의미를 가진다. 우선 김대중은 국내외를 통틀어서 유신 반대 선언을 한 최초의 인물이다. 김대중은, 1971년 대선에서 박정희 정권이 영구 집권을 노릴 것이라고 예언한 것에서 알 수 있듯이, 유신과 같은 독재 체제가 수립될 수 있다는 것을 항상 염두에 두고 있었다. 그래서 그는 유신이 선포된 직후 바로 다음 날에 반대 성명을 내고 망명 투쟁을 결심할 수 있었던 것이다.

또한 김대중은 계엄령 선포와 함께 무력화된 국내 저항 운동의 어려운 상황을 극복하기 위하여 해외에서 반유신 민주화 운동을 일으키고, 세력 확장을 위해서 전력을 다했다. 김대중은 해외 한인들을 조직해서 유신 독재에 맞선 체계적인 대응 역량을 구축했고, 미국·일본의 리버럴 성향의 주요 정치인, 지식인, 언론인 등과 활발한 교류를 전개하면서 이들의 적극적인 지지를 얻어 냈다. 그 결과 한국 민주화를 위한 국제 연대 활동에도 성공하는 등, 10개월여의 짧은 기간 동안 눈부신 성과를 거두었다.

김대중의 성공은 유신 정권을 불안하게 했다. 유신 정권은 처음에는 김대중에 대한 회유와 협박을 통해 자진 귀국을 통한 망명 포기를 유도하려고 했다. 그러나 김대중이 이를 거부하자 결국 납치 사건을 일으켰고, 김대중은 미국의 개입으로 구사일생 끝에 살아나게 되었다. 이 사건으로 인하여 박정희 정권은 유신 체제로 넘어간 지 얼마 되지 않은 시점부터 큰 위기에 빠지게 되었다. 유신 정권은 이런 상황 속에서도 더욱 경직된 방식으로 대처했고, 결국 스스로 모순을 이기지 못한 채 역사 속으로 사라졌다. 유신 선포와 함께 시작된 김대중의 1차 망명 투쟁이 유신 체제 종말의 시작점이 된 것이다.

이처럼 역사적인 의미를 가지고 있는 김대중 1차 망명 활동에 대한 연구는 그동안 전무했다. 납치 사건에 대한 연구는 다양한 각도에서 활발하게 이루어졌으나 정작 사건의 배경이 되는 김대중 1차 망명 활동에 대한 연구는 오랜 기간 이루어지지 않았다. 다행히 미국 망명 시기 김대중의 비서실장으로서 오랜 기간 한국의 민주화를 위해서 헌신한 이근팔 선생이 관련 자료를 모두 연세대학교 김대중도서관에 기증하여, 1차 망명기 김대중과 해외 한인, 그리고 미국과 일본의 주요 인사들에 관한 연구가 가능해졌다. 연세대학교 류상영 교수, 연세대학교 김대중도서관 장신기 박사, 호쿠세이가쿠엔대학교 정근주 교수 등이 이근팔 선생이 기증한 다양한 사료를 치밀하게 분석하여 그동안 미지의 세계였던 김대중 1차 망명 활동의 내용과 성격을 정리하고 분석하는 데에 큰 성과를 거두었다.

공동 저자인 세 분께 감사드린다. 그리고 이 연구 진행을 위해 사업비 확보에 큰 역할을 해 주신 김성재 연세대학교 김대중도서관 후원회장님께도 감사한 마음을 전하는 바이다.

연세대학교 김대중도서관장 양재진

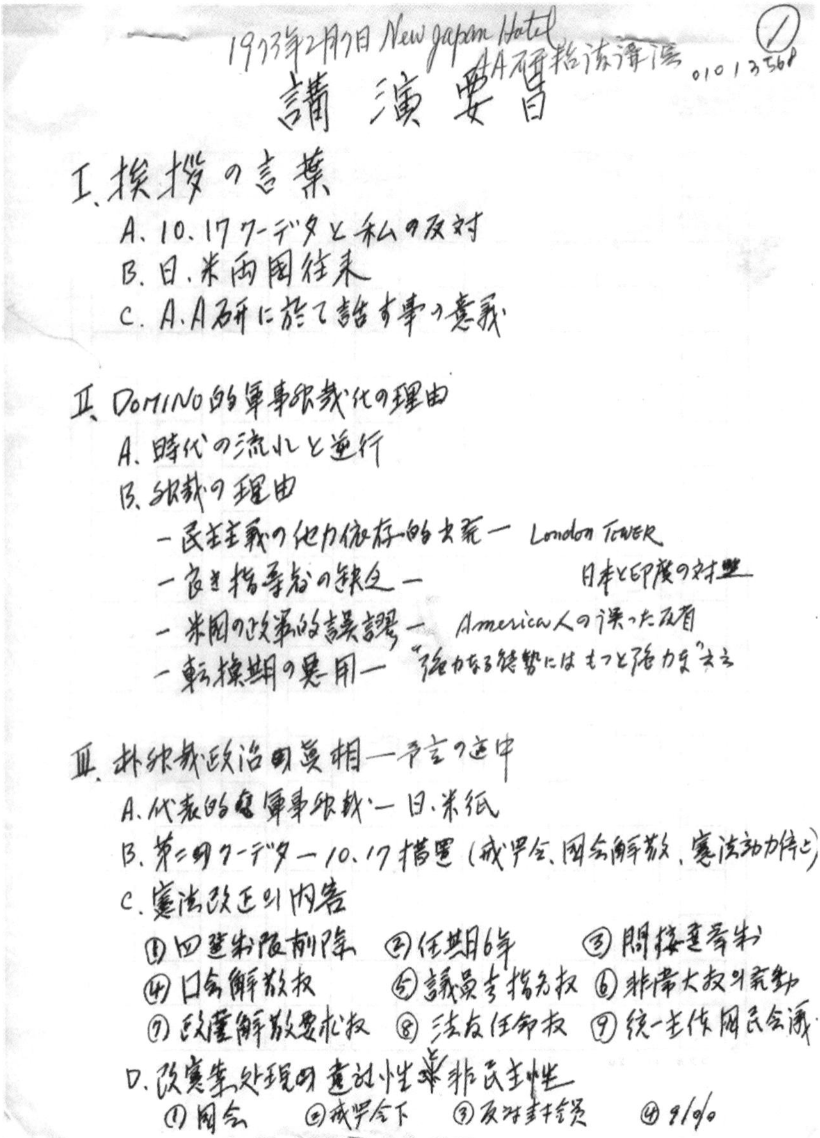

1973年2月7日 New Japan Hotel
AA研指導講演
01013568

講演要旨

I. 挨拶の言葉
A. 10.17クーデタと私の反対
B. 日、米両国往来
C. A.A研に於て話す事の意義

II. DOMINO的軍事独裁化の理由
A. 時代の流れと逆行
B. 独裁の理由
－民主主義の他力依存的失策－ London TOWER
－良き指導者の缺乏－ 日本と印度の対照
－米国の政策的誤謬－ America人の誤った反省
－転換期の悪用－ "強力なる挑戦にはもっと強力な"ええ

III. 朴独裁政治の真相－予言の適中
A. 代表的な軍事独裁－日、米紙
B. 第二のクーデター－10、17措置（戒厳令、国会解散、憲法効力停止）
C. 憲法改正の内容
① 四選制限削除 ② 任期6年 ③ 間接選挙制
④ 国会解散権 ⑤ 議員三分の一指名権 ⑥ 非常大権の発動
⑦ 政党解散要求権 ⑧ 法官任命権 ⑨ 統一主体国民会議
D. 改憲案処理の違法性と非民主性
① 国会 ② 戒厳令下 ③ 反対言論封鎖 ④ 91%

김대중이 일본어로 작성한 연설요지문(1973년 2월 7일)

01009109

A STATEMENT MADE IN TOKYO, JAPAN

By KIM DAE JUNG

1971 Presidential Candidate of the New Democratic Party, Korea

March 24, 1973

연설자료-일본(1973년 3월 24일)

FOR THE RESTORATION OF DEMOCRACY IN KOREA

- Certain Misconceptions
- Present Situation and Prospect of Korea
- What I Expect of America

AN ADDRESS
DELIVERED AT
University of Washington, Seattle, Washington, April 25, 1973
LUTHERAN SCHOOL OF THEOLOGY
Chicago, Illinois

By KIM DAE-JUNG
1971 Presidential Candidate of ~~the New Democratic~~ Party, Korea

April 27, 1973

Issued by the RESEARCH INSTITUTE FOR DEMOCRACY IN ASIA, Washington, D.C.

연설자료-미국(1973년 4월 25일, 27일)

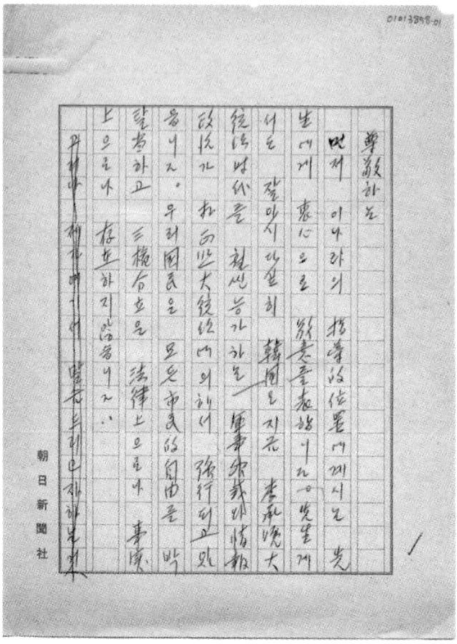

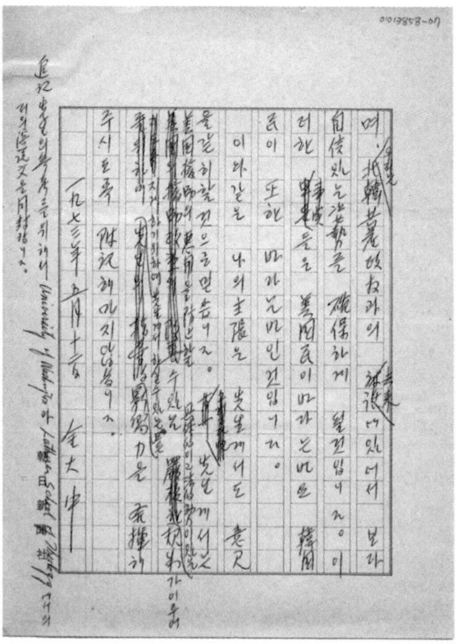

김대중의 친필서신 초안(1973년 5월 12일)

71년도 야당 대통령 후보

金大中 先生 시국강연회

KIM DAE JUNG *1971 Presidential Candidate of the New Democratic Party, Korea*

때 : 5월 18일 (금), 오후 7시30분

곳 : International Center
50 OaK st. S. F.

한국문제연구회

강연회 홍보자료(1973년 5월 18일)

June 26, 1973

Professor Gregory Henderson
12 Rock Hill St.,
Medford, Mass. 02155

Dear Professor Henderson:

Thank you very much for your kind letter along with the text of an article on the Korean Constitution by Dr. Paul Ryu, which I believe is very valuable and helpful in understanding the nature of President Park's government.

As you suggested, I talked with him the other day and he kindly promised me to revise his article and to translate it into Japanese for publication. His understanding is that you are trying to arrange the publication of his article either in the New York Times, its Sunday magazine, or in any other similartpublications; therefore, he is anxious to know if any progress has been made regarding this matter.

I am plannigg to visit Boston in a few days and hope to discuss this matter with you further.

For your reference I am enclosing herewith a report titled Observations On The Situation In South Korea As Of May 20, 1973, which was written presumably by an American affiliated with Christian church organizations in Japan. It is my understanding that he completed this report after interviewing approximately fifty persons while he was visiting Korea.

Thanking you for your continued support and cooperation, I remain

Sincerely yours,

Kim Dae-Jung

Kim Dae-Jung

김대중이 그레고리 헨더슨에게 보낸 편지(1973년 6월 26일)

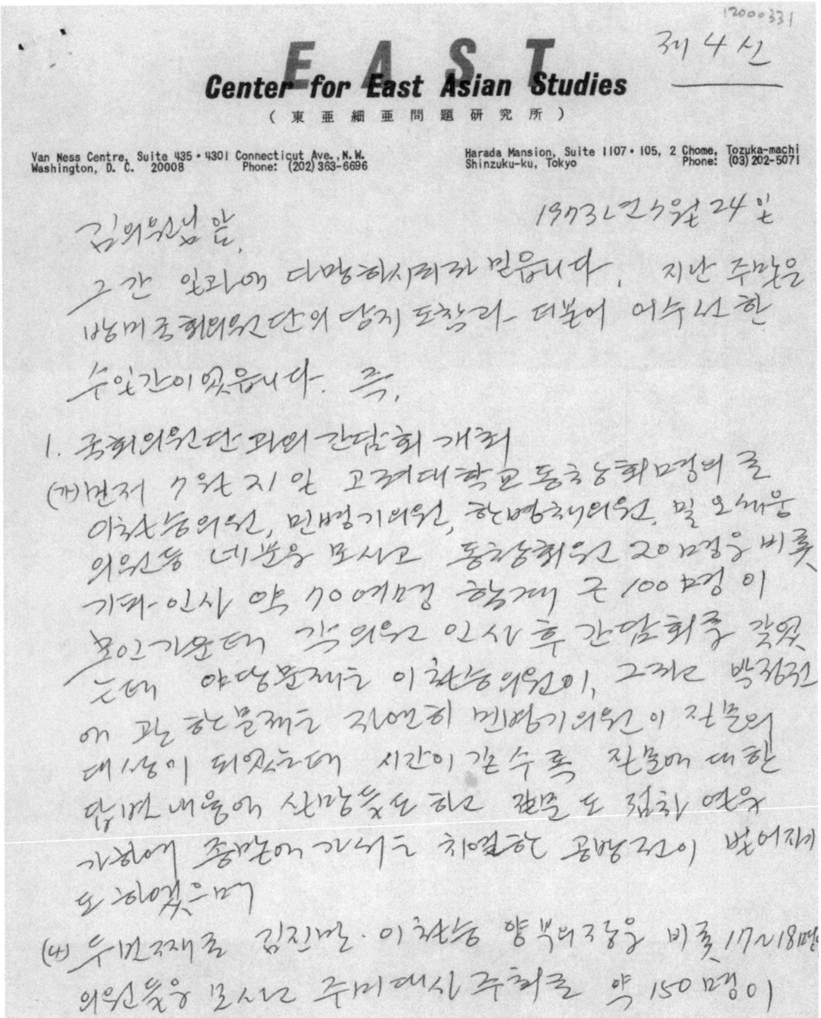

12000331

제4신

EAST
Center for East Asian Studies
(東 亜 細 亜 問 題 研 究 所)

Van Ness Centre, Suite 435 • 4301 Connecticut Ave., N.W.
Washington, D. C. 20008 Phone: (202) 363-6696

Harada Mansion, Suite 1107 • 105, 2 Chome, Tozuka-machi
Shinzuku-ku, Tokyo Phone: (03) 202-5071

1973년 7월 24일

김의원님 앞,

그간 안과에 다망하시리라 믿습니다. 지난 주말은 방미 국회의원단의 당지 도착과 더불어 어수선한 수일간이었습니다. 즉,

1. 국회의원단과의 간담회 개최

(가) 먼저 7월 21일 고려대학교 동창생회 명의로 이철승의원, 민병기의원, 한병채의원 및 오세응 의원등 네분을 모시고 동창생회원 20명을 비롯, 기타 인사 약 70여명 합계 근 100명이 모인 가운데 각 의원 인사 후 간담회를 가졌는데 야당문제는 이철승의원이, 그리고 박정권에 관한 문제는 자연히 민병기의원이 질문의 대상이 되었는데 시간이 갈수록 질문에 대한 답변 내용이 산만하기도 하고 질문도 점차 열을 가하여 종말에 가서는 치열한 공방전이 벌어지기도 하였으며

(나) 두번째로 김진만·이철승 양부의장을 비롯 17~18명 의원들을 모시고 주미대사 주최로 약 150명이

이근팔이 김대중에게 보낸 편지(1973년 7월 24일)

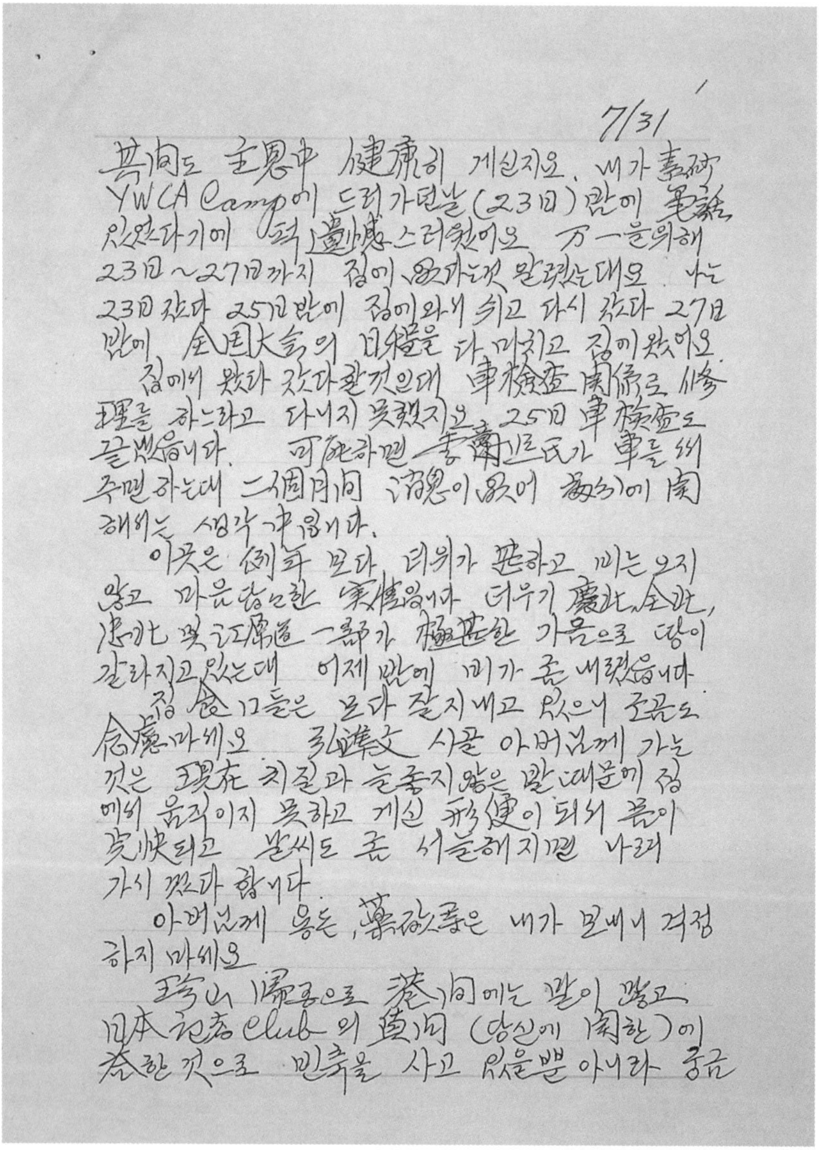

7/31

其間도 主恩中 健康히 계신지요. 내가 嘉硏 YWCA Camp에 드러가던날(23日)밤에 電話 있었다기에 퍽 遺憾스러웠어요. 万一을 위해 23日~27日까지 집에 없다는 것 말렸는데요. 나는 23日 갔다 25日 밤에 집에와서 쉬고 다시 갔다 27日 밤에 全国大会의 日程을 다 마치고 집에 왔어요.

집에서 왔다 갔다 할 것인데 車檢査 関係로 修理를 하느라고 다니지 못했지요. 25日 車檢査도 끝났읍니다. 可能하면 [struck out] 氏가 車를 써 주면 하는데 二個月間 消息이 없어 要求에 関해서는 생각 中입니다.

이곳은 例年 보다 더위가 甚하고 비는 오지 않고 마른 장마한 實情입니다 더우기 慶北, 全北, 忠北 및 江原道 一部가 極甚한 가뭄으로 땅이 갈라지고 있는데 어제 밤에 비가 좀 내렸읍니다.

집 食口들은 모다 잘 지내고 있으니 조곰도 念慮마세요. 弘業文 시골 아버님께 가는 것은 現在 치질과 눈좋지 않은 밭 때문에 집에서 움직이지 못하고 계신 形便이 되어 몸이 完快되고 날씨도 좀 서늘해지면 나려 가시겠다 합니다.

아버님께 용돈, 藥代等은 내가 보내니 걱정하지 마세요.

瑞山 歸鄉으로 港間에는 말이 많고 日本記者club의 質問(당신에 関한)에 答한 것으로 비난을 사고 있을뿐 아니라 궁금

이희호가 김대중에게 보낸 편지(1973년 7월 31일)

목 차

I 제1차 망명기 김대중의 미국에서의 활동

류상영 연세대학교 국제학대학원 교수, 전 김대중도서관 관장

Ⅱ 김대중의 제1차 망명기 일본 활동의 의미 : 정계 및 언론계를 중심으로

정근주 호쿠세이가쿠엔대학교 교수

Ⅲ 김대중의 1차 망명 활동과 한민통 구상

장신기 연세대학교 김대중도서관 사료연구 담당

I

류상영

제1차 망명기 김대중의 미국에서의 활동

제1차 망명기 김대중의 미국에서의 활동

류상영
연세대학교 국제학대학원 교수, 전 김대중도서관 관장

1. 서론: 김대중의 인식과 전략, 그리고 활동

1972년 10월 17일 박정희 정부의 유신 선포는 한국의 모든 민주주의 제도를 정지시킨 불행한 사건이었다. 야당 정치인 김대중은 그가 이전부터 경고해 왔으면서도 자신의 불길한 예감이 부디 적중하지 않기를 바랐었다. 하지만 한국 정치의 현실은 긴 어둠의 터널로 진입했고, 민주주의의 새벽은 상당 기간 오지 않았다. 되돌아보면 박정희 자신에게도 비극의 씨앗이 되었다고 할 수 있지만, 김대중에게는 민주주의를 위한 외롭고 힘든, 또 다른 여정의 시작이었다.

유신 발표 방송을 일본에서 접한 김대중은 납치 사건이 발생한 1973년 8월까지 약 10개월 동안 일본과 미국을 오가며 유신 반대와 민주주의 회복을 위한 자발적 망명 생활을 하게 된다. 이 연구에서는 1차 망명 시기에 김대중이 미국을 중심으로 어떤 활동을 하였는지를 추적해 보고, 그 활동의 의미를 해석해 보고자 한다. 이 시기 김대중은 1971년 대선에서 박정희에게 94만 표 차로 석패한 야당 지도자라는 것 이외에는 국제적으로 별로 알려진 게 없었다. 그만큼 그의 미국과 일본에서의 반유신 투쟁은 많은 어려움이 있었다. 그럼에도 불구하고 김대중은 온갖 위협과 어려움 속에서도 미국과 일본 등 국제사회에 유신의 부당함을 알리고, 한국의 민주주의를 회복하려는 활동을 이어 나갔다. 역사 발전에 대한 확신과 국민에 대한 믿음하에서 그의 목숨을 건 민주화 투쟁의 여정은 지속되었다.

김대중은 왜 해외에서 투쟁하기로 결심했는가? 그는 유신을 어떻게 인식하고 어떤 투쟁 전략을 세우게 되었는가? 김대중은 미국에서 구체적으로 어떤 활동을 전개하였는가? 당시 미국은 박정희 정부와 김대중에 대하여 어떤 인식을 가지고, 어떻게 대응해 나갔는가? 그리고 유신 체제는 한국의 야당과 김대중에 대하여 어떤 탄압을 이어갔는가 등에 대한 사실 확인과 사건의 재구성이 이 연구의 주요 내용이다. 이 시기 김대중의 활동에 대한 연구는 별로 이루어지지 않았다. 따라서 사실을 확인하고 사건을 재구성해 보는 것만으로도 충분한 학술적, 역사적 의미가 있을 것으로 생각된다.

이 연구는 다양한 역사적 사료에 기초하여 진행되었다. 당시의 긴

박한 상황을 분석한 미국 국무성 외교 사료나 미국의 주요 신문들, 에드윈 라이샤워 전 주일 미국 대사나 미국 의회 의원 등 김대중을 도왔던 주요 인사들의 서신들, 김대중이 미국과 일본의 언론에 남긴 기록이나 회견문, 김대중이 직접 언급한 구술사와 자서전 및 전집, 이희호가 김대중과 나눈 서신들, 이근팔 등 미국에서 같이 활동하였던 인사들의 구술사, 권노갑 등 측근들의 회고록, 유신 등에 대한 박정희와 김종필 등 집권 세력 인사들이 남긴 증언록과 각종 기록들, 기타 국내 신문, 그리고 관련 2차 자료 등이 활용되었다.

이 연구는 아래와 같이 구성되었다. 제2장에서는 유신 공포 직후 김대중이 망명을 결심하게 된 배경과 그가 유신을 바라보는 인식과 대응 전략이 분석될 것이다. 김대중이 그렇게 신속하게 유신에 대한 반대 성명을 내고 망명 결심을 하게 된 배경에는 그가 줄곧 지켜본 박정희 정부에 대한 그의 정확한 정세 분석이 작용하였다. 박정희 정부와 유신 체제에 대한 그의 인식은 1차 망명기 미국과 일본에서뿐만 아니라, 향후 민주화 운동을 전개하는 데에도 줄곧 전략적 기초로 작용하게 되었다.

제3장에서는 김대중이 미국에서 수행한 구체적인 활동을 추적한다. 그와 함께 활동한 미국 내 교포들의 네트워크와 활동, 김대중이 미국 정부와 의회 및 언론계에 자신의 생각을 알려 나간 노력과 네트워크가 분석될 것이다. 우리는 여기에서 일부 냉철하지 못한 교포 운동가들을 이해시키느라 이중의 고충을 겪는 김대중의 모습과, 미국 국무성과 의회 등의 높은 문턱을 넘기 위한 김대중의 지난한 노

력을 확인할 수 있을 것이다.

제4장에서는 유신을 둘러싼 복잡미묘한 한미 관계가 다각도로 그려질 것이다. 박정희 정부가 미국을 어떻게 생각하고 대응했는지, 미국 정부는 유신을 어떻게 생각하고 대응했는지 등은 김대중의 미국 내 활동을 묘사해 내는 데 매우 중요한 거시적 맥락을 제공해 준다.

제5장은 유신 체제하 한국의 야당과 김대중계에 대한 와해 전략 및 탄압을 다룬다. 김대중을 가장 위협적인 정적으로 느낀 박정희의 인식과 중앙정보부의 노골적 탄압은 역설적으로 유신 체제의 한계와 위기감을 보여 준다.

제6장 맺음말에서는 김대중의 제1차 망명기 미국에서의 활동이 갖는 역사적 의미를 간략히 정리할 것이다. 납치 사건으로 제1차 망명기 활동은 종료되지만, 그의 민주주의를 위한 일관된 철학과 타협 없는 투쟁은 1982년 12월부터 시작된 제2차 망명으로 이어지면서 지속된다.

2. 유신 선포와 김대중의 망명 결심

아픈 다리 치료차 며칠 일본에 머물고 있던 김대중은 1972년 10월 17일 숙소인 제국호텔 방에서 TV를 통해 유신 공표 방송을 접하게 된다[1]. 당일 오후 5시쯤 <동경한국연구원> 원장인 최서면이 전화로 박 대통령의 중대 발표 소식을 알렸고, 불길한 생각이 들었던 김대중은 친구 김종충과 함께 발표 장면을 지켜보았다[2]. 1969년 삼선 개헌과 1971년 대선에서 박정희 정권의 장기 집권 의도를 간파하고 반복적으로 경고해 온 김대중이지만, 막상 우려가 현실로 적중되면서 분노와 착잡함에 잠을 이룰 수 없었다. 그날 밤 서울에 있는 가족들의 안위와 국내 정세를 확인하고, 그동안 자신이 추구해 온 한국의 민주주의와 1971년 대선에서 자신을 지지하고 민주주의를 갈망했던 국민들의 심정을 떠올리며, 김대중은 해외에 남아 투쟁할 것을 결심하였다. 그의 해외 망명[3] 투쟁은 1972년 10월 18일 동경에서 "계엄령

---

1 김대중은 일본에 자주 들러 인맥을 넓히고, 한국과 아시아의 정세에 대하여 회견이나 연설을 하였다. 1971년 2월 8일에는 동경외신기자클럽 초청으로 한국 정치와 선거 및 정권 교체 가능성에 대하여 연설한 바 있다. 그는 1972년 8월 1일부터 약 1주일간, 1971년 5월에 있었던 의문의 교통사고로 다친 다리 통증 치료를 위하여 일본 게이오대학 병원을 다녀왔고, 일본 체류 중 『타임』과 『워싱턴포스트』 기자를 만나 박정희 정권의 비민주적 행태를 비판하는 인터뷰를 하였다.

2 김대중, 『김대중 자서전 1』, 도서출판 삼인, 2019, pp.268-269.

3 이 글에서 사용되는 망명이란 용어는 외교 관계와 국제법상에서 사용하는 의미와는 일치하지 않는다. 김대중의 경우 공식적인 법적 망명 절차를 거친 경우는 아니다. 하지만 국내에서의 자유로운 활동이 불가능한 현실에서 자발적으로 해외에서의 민주화 투쟁을 선택한 것으로, 언론과 정계에서 자발적인 망명 등으로 표현되었다. 1982년 12월에 시작된 제2차 망명도 전두환 정권이 김대중의 국내 활동을 막기 위해 반강제적으로 출국시킨 것이었다. 용어와 별개로, 미국에는 당시 한국의 비민주적 정치 현실에 염증을 느

에 대해"라는 유신 반대 성명을 발표하면서 시작되었다. 이 성명서는 아래와 같이 간략하고 엄중하면서도 당시 국내외 정세에 대한 분석과 향후 진행될 유신 반대 투쟁의 방향 및 역사 발전에 대한 김대중의 생각을 담고 있다.

> 박정희 대통령의 이번 조치는 통일을 말하면서 자신의 독재적인 영구 집권을 목표로 하는 놀랄 만한 반민주적 조치이다. 이는 완전한 헌법 위반 행위인 동시에 한국내에서 민주 역량의 성장을 통해 북한과 호각의 입장에서 하루속히 조국 통일을 성취시키려는 국민의 염원을 무참하게 짓밟는 것과 다름없다. 나는 박 대통령의 행위가 세계의 여론으로부터 준엄한 비판을 받는 동시에 민주적 자유를 열망하면서 이승만 독재 정권을 타도한 위대한 한국민의 손에 의해 반드시 실패하리라는 것을 확인하는 바이다.[4]

이어 10월 27일에 공고된 헌법 개정안에 대하여 김대중은 "이번의 개헌안은 한마디로 말해서 독재적 군림과 영구 집권의 야망으로 불탄 박 대통령의 목적을 달성시켰고, 직접 선거로는 도저히 승리할 가능성이 완전 없어진 그의 안전한 당선을 노린 일종의 총통제의 개헌이다. … 박 대통령은 통일을 위한 개헌 운운해 왔지만 결과는 통일과는 아무런 관계도 없는 그의 권력의 영속화와 강화를 위한 개헌으

껴서 한국을 떠나 미국에 정착한 다양한 형태의 사실상 망명객들이 적지 않았고, 이들은 김대중의 미국에서의 민주화 운동을 지원한 핵심 교포 세력이었다.

4 김대중, 「계엄령에 대해」 (1972년 10월 18일), 『김대중 전집II 제7권』, 연세대학교 대학출판문화원, 2019, p.1.

로 집중시켰다."[5]라는 성명을 일본 동경에서 발표하였다.

김대중은 어떻게 이처럼 신속하게 험난한 망명 투쟁을 결정하고, 유신 공표 다음 날 단호하고 확신에 찬 반대 성명을 낼 수 있었을까? 김대중의 신속한 해외 투쟁 결정은, 삼선 개헌 이래 박정희 정권의 움직임에 대한 자신의 냉철하고 정확한 분석 및 예측, 유신의 본질과 종말에 대한 확신, 민주주의를 위하여 목숨을 던지겠다는 그의 의지와 책임감, 그리고 역사 발전과 국민들에 대한 믿음이 복합적으로 작용한 결과로 보인다. 사실 김대중은 1971년 4월 18일 장충단 공원에서 열린 제7대 대통령 선거 유세에서 "이번에 정권 교체를 하지 못하면 이 나라는 박정희 씨의 영구 집권의 총통 시대가 오는 것입니다."[6]라고 예측했었다. 1969년 7월 19일 효창 운동장에서 열린 삼선 개헌 반대 시국 연설회에서도 김대중은 이미, "만일 당신이 삼선 개헌을 했다가는 이 조국과 국민들에 말할 수 없는 죄악을 가져올 뿐만 아니라 박정희 씨 당신도 내가 몇월 며칠날 그렇게 된다고 날짜와 시간은 말 못하지만…" 비극적인 최후를 맞게 될 것이라고 말한 바 있었다[7]. 게다가 김대중은 1972년 4월 10일 미국 대사관 인사와의

---

5 김대중, 「개헌에 대해」 (1972년 10월 27일), 『김대중 전집II 제7권』, 연세대학교 대학출판문화원, 2019, p. 2. 김대중은 1972년 11월 3일자에 실린 『주간 아사히』와의 인터뷰에서도, "그가 계엄령을 결심한 계기는 권력욕 때문이다. 직접 선거를 하면 더 이상 이길 수 없다고 생각한 것이다."라고 주장하였다. 김대중, 「주간 아사히와의 인터뷰」 (1972년 11월 3일), 『김대중 전집II 제7권』, 연세대학교 대학출판문화원, 2019, p.4.

6 김대중, 「제7대 대통령 선거 서울 장충단 공원 유세 연설」 (1971년 4월 18일), 『김대중 전집II 제6권』, 연세대학교 대학출판문화원, 2019, p.472.

7 김대중, 「3선 개헌 반대 시국 대강연회에서의 연설문」 (1969년 7월 19일), 『김대중 전집II 제6권』, 연세대학교 대학출판문화원, 2019, p.116.

만남에서 박 대통령이 집권 연장을 위해 헌법을 개정할 가능성이 있다고 언급한 바 있다[8]. 김대중의 이 같은 예측은 이후락 중앙정보부장이 평양을 방문하기 전인 1972년 4월경부터 여권에서 흘러나오기 시작한 개헌 작업에 대한 소문과 같은 맥락에서 등장한 것으로 보인다. 박정희의 유신 공표와 계엄령은, 김대중의 표현에 의하면, 그의 간절한 바람과는 반대로 불행하게도 예측이 적중된 것이었다.

당시 김대중에게 박정희의 유신은 박정희 정권이 매우 허약함을 보여 주는 반증이었다. 유신은 박정희가 더 이상 선거로는 정권을 유지할 수 없다는 위기의식에서 민주적인 선거 절차를 모두 마비시켜 정권을 연장하기 위한 선택이었기 때문에 반드시 실패할 것이라는 게 김대중의 판단이었다. 이 같은 김대중의 인식은 망명지에서의 그의 대중적인 강연이나 구체적인 반유신 투쟁의 전략에 그대로 반영되었다. 예를 들면 1973년 2월 7일, 일본 국회의원들의 공부 모임인 <아시아 - 아프리카 문제 연구회>에서의 연설에서도 김대중은 다음과 같이 유신의 배경과 성격을 규정하였다.

> 현재의 박 대통령이 그런 행동을 하고 있는 것은 결코 그가 강하기 때문이 아니라, 야당과 국민들이 무서워 그렇게 할 여유가 없기 때문에 그 같은 극단적인 독재를 선택할 수밖에 없는 것이며, 조금이라도 국민에게

8 "Telegram from the Embassy in Korea to the Secretary of State," Oct. 31, 1972 POL 23-9 Korea S, Subject-Numeric Files 1970-1973, 홍석률, 『분단의 히스테리: 공개문서로 보는 미중관계와 한반도』, 창비, 2021, p.272.

틈을 준다면 큰일 남으로 틈을 주지 못하는 것이 현재의 실상입니다. 그가 강해서 억압을 가하는 것이 아니라 약한데도 불구하고 욕망으로 똘똘 뭉쳐져 있기에 탄압하는 것 이외에는 방법이 없는 것입니다.[9]

또한 김대중은 유신이 조국의 통일을 위해 필요한 조치라는 박정희의 주장에 대하여도 정면으로 반박하였다. 김대중은 7. 4 공동 성명에 대하여 본인은 물론 야당과 국민들이 환영하는 상황이었기 때문에 유신과 같은 체제 정비가 전혀 필요 없었고, 굳이 통일 논의를 활성화하려면 야당에서 줄곧 제기해 왔던 반공법 개폐가 논의되어야 했다고 주장하였다. 더구나 대국 간의 긴장 완화가 한국의 안정을 위협한다는 논리는 허구로서, 박정희 정부도 대국 간의 긴장 완화를 환영한다고

9 김대중, 「아시아-아프리카 문제 연구회에서의 연설과 질의응답」 (1973년 2월 7일), 『김대중 전집II 제7권』, 연세대학교 대학출판문화원, 2019, p. 103. 김종필의 증언에 의하면, 1971년 대선 직후 박정희가 자신과의 만남에서 다음과 같이 선거의 위험성과 유신에 대한 단초를 밝혔다고 한다. "이것 봐. 내가 그래도 그동안 잠자고 있던 국민이 일어서서 일하게 하는 세상을 만들고 나라를 위해 열심히 기여했다고 생각을 하는데, 김대중 씨가 뭐를 했다고 95만 표 차이밖에 안 나? 내가 이름이 나도 김대중보다 더 낫고, 선거 비용을 써도 김대중보다 훨씬 더 많이 썼는데 말이야. 행정력은 또 얼마나 사용했나. 선거라는 게 민주주의를 위해 불가피한 것이긴 하지만, 이게 큰일 날 수도 있어. 다음엔 김대중이 될지도 몰라. 선거를 하다 보면 앞날을 제대로 내다보고 건전하게 나라를 열어 갈 위인이 아닌 엉뚱한 사람이 뽑힐 수도 있어. 그럴 땐 조국 근대화라는 혁명 과업에 지장이 생길 수 있어. 그러니 내 좀 특수한 것을 생각하지 않을 수 없어." 김종필, 『김종필 증언록 1』, 와이즈베리, 2016, pp.389-390. 김대중의 비서로 유신 직후 불법 연행되어 온갖 고문을 받은 바 있는 권노갑도 유신이 박정희의 불안감에서 초래되었다고 진단했다. "10월 유신은 박정희 씨의 그런 불안감 내지는 강박관념이 만들어 낸 자기방어 같은 것이었다고 나는 생각합니다. 그렇지 않고서야 대선에서 승리한 지 1년 반 만에 10월 유신이라는 친위 쿠데타를 감행할 까닭이 없었습니다. 박정희 씨는 권력이 자기 수중에 있음에도 불구하고 김대중 후보와 다시 선거를 치르는 것이 불안했던 것입니다. 이 불안감과 위기의식이 강박관념으로 작용해서 선거를 하지 않는 영구 집권의 방편으로 10월 유신을 단행했던 것으로 봅니다." 권노갑 · 김창혁, 『권노갑 회고록: 순명』, 동아E&D, 2014, p.266.

선언한 바 있고, 중국과 소련도 남북 회담을 지지하고 있었다는 게 김대중의 분석이었다[10]. 김대중의 이 같은 분석은 1972년 시작된 남북 대화의 국내 정치적 배경에 관한 논쟁과도 연결되어 있다.

통일과 남북 대화를 위하여 유신이 필요하다는 박정희의 명분과는 다르게, 당시 박정희 정권의 권력 핵심부에서는 남북 대화 추진의 배경에 대한 상반되는 이야기들이 있었던 것으로 보인다. 당시 국무총리였던 김종필의 증언에 의하면 "박 대통령은 7. 4 남북 공동 성명에 그렇게 큰 의미를 부여하지 않았다. 남북이 합의한 성명 내용이 그대로 이행될 수 있을 거라고 믿지도 않았다."[11] 김종필은 중앙정보부장 이후락을 유신과 남북 대화의 책사로 보았고, 이후락이 7. 4 남북 공동 성명의 명성을 독점하는 분위기였다고 증언하였다. 하지만 박정희는 유신을 결심하고 이 같은 분위기와 상관없이 유신을 추진하였다[12].

그렇다면 과연 남북 대화와 유신의 상관관계를 어떻게 해석해야

---

10 김대중은 미국과 일본에서 행한 수많은 연설이나 기자 회견 및 언론 기고문 등에서 이 점을 반복적으로 강조하고 있다. 『뉴욕타임즈』 기고문 (1972년 12월 30일), 「조국 한국의 비통한 현실 - 독재 정치의 도미노적 파급」(일본 『중앙공론』 기고문, 1973년 1월 1일), "Korean Situation and My Belief (November 1972)" 등으로, 원문은 모두 『김대중 전집II 제7권』에 수록되어 있다.

11 김종필, 『김종필 증언록 1』, 와이즈베리, 2016, p.399.

12 김종필의 증언을 분석하면, 이후락이 재주를 부려 박정희에게는 명분을 마련해 주었고, 김일성도 속이는 결과를 가져왔던 것이다. 북한을 다녀온 이후락은 7. 4 남북 공동 성명 이후 박 대통령이 주관하는 안보 장관 회의에서 "아무래도 국가보안법을 없애야겠다."라고 제안했다가 김종필에게 핀잔을 먹은 적도 있다. 박정희는 남북 대화와 관련하여 자기 재주에 취했던 이후락의 행위를 그대로 둔 채 유신 일정을 추진해 나간 반면, 이후 남북 관계가 경색되자 김일성은 남측이 유신을 위해 남북 대화를 이용했다고 판단하고 동해안에 3명의 무장 간첩을 남파하였는데, 그들은 체포된 후 "이후락을 죽이러 왔다."라고 자백했다고 한다. 김종필, 『김종필 증언록 1』, 와이즈베리, 2016, p.399; p.406.

할 것인가? 당시는 미국이 1969년 닉슨 독트린 이후 1971년 3월 주한 미군 1개 사단 2만여 명을 철수시키고, 1972년 2단계 철수를 논의하던 시기였다. 이에 위기감을 느낀 박정희는 1972년 5월 김종필에게 "내가 국가 비상 관리 체제를 생각하고 있어. 국민 총동원 체제가 필요해. 이대로는 1970년대가 순탄하지 않아. … 이 체제는 국가 위기를 극복할 때까지 한시적으로만 갈 거야."라고 자신의 구상을 밝혔다[13]. 또한 비서실장 김정렴에 의하면 1972년 5월 31일과 6월 1일 박정희를 방문한 북한의 박성철 부수상의 태도가 박정희에게 큰 충격이었다고 한다. 김일성의 측근이면서도 박성철이 수첩을 꺼내어 적어 온 내용과 인사말을 한 자라도 틀릴까 봐 긴장하며 낭독하는 것을 목격하면서, 박정희가 이들과 대결하기 위해서는 국내 결속과 체제 강화가 필요하다고 생각했다는 것이다.[14] 김영삼은 10월 20일 마샬 그린 차관보와의 전화 통화에서 이제 박정희 권위주의와 김일성 독재 체제 사이에 아무런 차이가 없어졌다고 말했다.[15] 이를 종합해 보면, 국내 정치적 불안감과 미군 철수의 위기감 속에서 유신에 대한 박정희의 생각은 이미 정해져 있었고, 남북 대화와 통일은 이를 위한 좋은 명분이 되었으며, 박성철의 행동 등은 박정희가 유신에 대한 확

---

13 김종필, 『김종필 증언록 1』, 와이즈베리, 2016, p.399; p.404.

14 김정렴, 『아, 박정희』, 중앙M&B, 1997, p.160.

15 "Telegram from the Department of State to The Embassy in Seoul: Opposition leader Kim Young-Sam's Call On Assistant Secretary Green (October 24, 1972)," Pol 15 Korea S, 193253. 김영삼은 회고록에서, "박정희는 개인적인 욕심 때문에 쿠데타를 일으켰고, 똑같은 이유로 유신을 선포한 것이었다."라고 말하였다. 김영삼, 『김영삼 회고록 2』, 백산서당, 2015, p.24.

신을 더하는 계기였다고 보아야 할 것이다. 위의 과정을 고려하면 유신과 남북 대화가 결과는 달리 남북이 체제 경쟁과 대립을 강화하는 계기가 된 것은 당연한 귀결이었다.

또한, 김대중은 미국의 아시아 정책의 실패가 아시아에서 권위주의 도미노 현상을 가져왔다는 점을 강조하면서, 유신 반대 운동의 실마리를 미국의 아시아 정책 전환에서 찾고자 하였다.[16] 김대중은 당시 아시아에서 군사 독재 정권이 속출한 이유에 대하여, "저는 무엇보다도 2차 세계대전 이후 27년간 아시아를 지배해 온 미국의 정책적 실패가 근본적 요인이라고 생각합니다. 미국은 아시아 각국에 대해 어떤 독재 정권 부패 정권이라 할지라도 반공 노선만 주창한다면 이들과 밀착해 무기 및 자금을 주저없이 원조해 왔습니다. 반공은 자유를 지키기 위한 수단에 불과한데 목적을 잃어버린 채 수단만 존중한 것입니다."[17]라고 비판하였다. 박

16 김대중이 일찍부터 한국 민주화와 유신의 문제를 미국의 아시아 정책과 연결시켜 인식한 데에는 그 이전부터 미국의 민주적 인사들과 교류하여 토론하였던 경험과 정세 판단이 작용한 것으로 생각된다. 김대중은 유신 이전에 미국과 유럽을 방문하여 국제 정세에 대한 식견을 넓히고 인적 교류를 해 왔다. 그는 1970년 2월 23일 미국과 유럽을 순방차 다녀왔는데, 이 당시 제럴드 포드(Gerald Ford) 공화당 원내 총무, 멘델 리버즈(Mendel Rivers) 하원 국방위원장 등을 면담하였고, 콜롬비아 대학에서 "아시아의 안정과 새로운 한미 관계 수립"이라는 연설을 한 바 있다. 1971년 1월 27일에도 미국을 방문하여 윌리엄 로저스 국무장관 등 미국 국무부 인사들을 만나 한반도 정세와 민주주의에 대하여 논의한 바 있고, 교포 사회와 미국 언론에 대하여 한국의 민주화 필요성에 대하여 회견을 하거나 강연을 하였다. 풀브라이트 상원 외교위원장이나 에드워드 케네디 상원 의원 등과 만나 한미 관계와 아시아 정세를 논의하였고, 2월 2일에는 닉슨 미국 대통령이 주관하는 조찬 기도회에 참석하고 환담하였다. 김대중은 1972년 1월 26일 출국하여 미국, 영국, 서독, 프랑스, 일본 등 5개국을 약 한 달간 순방하면서 주요 인사들과 국제 정세와 긴장 완화, 한국의 민주주의와 한반도 및 아시아 정세 등에 대하여 의견을 교환하였다. 이와 관련한 자세한 일정은 연세대 김대중도서관, 『김대중 연보 1924-2009』, 시대의 창, 2011의 해당 시기 기록 참조.

17 김대중, 「아시아-아프리카 문제 연구회에서의 연설과 질의응답」 (1973년 2월 7일), 『김

정희 정권의 유신도 미군 감축과 닉슨 행정부의 고립주의 정책을 틈타 반공을 명분으로 자신의 독재를 강화하기 위한 조치였다는 것이 김대중의 판단이었다[18]. 따라서 미국의 여론 주도층과 정책 결정자들에게 미국이 한국의 박정희 정권을 지원하는 정책적 실패를 반복하지 않도록 실상을 알리고, 정책을 전환할 것을 촉구하는 것이 미국 내에서의 주요 활동 목표였다. 하지만 동시에 김대중은 한국의 민주주의는 다른 나라에 의존하는 것이 아니라 한국인의 힘으로 이루어야 하기 때문에 내정은 간섭하지 말 것을 분명히 하였다. 김대중은 한국의 민주주의적 기반이 취약하여 유신을 맞게 되었다는 점을 상기하면서, "그러한 반성 아래에서 우리는 앞으로 우리의 민주주의를 상당한 고통이 수반되겠지만, 우리들의 피와 눈물, 그리고 희생을 통해서 이를 쟁취할 것"[19]을 강조하였다.

대중 전집 II 제7권』, 연세대학교 대학출판문화원, 2019.

18 김대중은 *San Francisco Chronicle* 과의 인터뷰에서, "박정희 정권의 폭력은 미국이 박정희 정권에게 제공해 온 무기가 한국 국민들의 의지를 억누르는 데 사용될 것인가에 달려 있다."라고 주장하였다. Tim Findley, "Korea Exile Leader Sees Fall of Park (May 19, 1973)," *San Francisco Chronicle*.

19 김대중, 「일본 외신기자 클럽에서의 연설」(1972년 11월 10일), 『김대중 전집II 제7권』, 연세대학교 대학출판문화원, 2019, p.103.

3. 김대중의 미국에서의 활동과 네트워크

(1) 교포 사회 민주화 세력과의 연대와 전략

일본에서 한 달 가까이 바쁜 일정을 보낸 김대중은 1972년 11월 13일 미국으로 건너갔다. 한국의 실상을 알리고 민주주의 회복 운동을 하기에는 일본에 비하여 미국이 훨씬 유리하였고, 무엇보다 미국은 박정희 정권에 대하여 강한 영향력을 행사할 수 있는 나라였기 때문이다. 김대중은 뉴욕 힐튼호텔에서 첫 활동으로 임병규, 임창영, 유기홍 등을 만나 자신의 활동 계획을 밝히고, 교포 사회의 협력을 당부하였다. 당시 미국에는 이승만 시대와 박정희 시대의 독재에 환멸을 느껴 미국에 망명하거나 이민 온 인사들이 많았고, 이들은 모두 한국의 민주화에 관심이 높아 김대중의 정치 활동에 적극적으로 참여하였다. 그중 미국에서 살고 있던 처남 이성호와 그의 소개로 인연을 맺은 이근팔이 가장 가까이서 김대중의 활동을 도왔다.

유신이 선포된 이후 미국 교포 사회에서도 유신에 반대하고 민주주의를 촉구하는 목소리가 나오기 시작하였다. 따라서 야당 지도자 김대중의 등장은 이들에게도 큰 촉매제가 되었다고 할 수 있다. 당시 교포 사회에서 민주화 운동을 위한 조직이나 관심은 1980년대와 비교하면 그렇게 크지 않은 상태였다고 할 수 있다. 이에 김대중은 뜻 있는 교포 단체에 유신의 부당함을 알리는 것부터 활동을 시작하였다. 교포들이 자체적으로 유신 반대 집회와 강연회 등을 조직하고 거기에 김대중을 초청하여 연설을 듣는 경우가 많았다. 미국 내 기독교 단체들도 김대중을 도운 주요 세력 중의 하나였다.

김대중은 1972년 11월 21일 워싱턴 D.C.에서 유신 헌법 개헌을 위한 국민 투표를 반대한다는 성명을 발표하고, 11월 24일 보스턴에 있는 <한국기독자협회>와 간담회를 가졌다. 11월 25일에는 보스턴 교회에서 교포들에게 강연을 하였고, 12월 2일에는 뉴욕에서 한인 동포들을 만나 유신 철폐를 촉구하였다. 그는 12월 20일 뉴욕에 있는 <미국기독교교회협의회(NCCUSA)>에서 강연하였다[20].

이에 앞서 <재미 한인 구국동지회>는 1972년 11월 1일 유신 반대 성명을 발표하고, 공표된 개헌안은 "민주주의 토착화와 조국의 평화 통일의 목적과도 정반대"라고 강조하였다. 1972년 11월 5일에는 김응수 등이 워싱턴 지역 민주 수호 궐기 대회를 개최하여 "남북 통일과 참된 민주주의 실현은 결코 한 개인이나 한 집단의 강압적인 수단으로 이루어질 수 없다."라고 주장하였다. 1972년 11월 14일 뉴욕 교포들은 모임을 갖고 "조국의 통일, 번영, 민주주의를 바라는 순수한 마음으로" 계엄령과 헌법 개정을 반대한다는 결의문을 채택하였다. 또한 『자유공화국』, 『한민신보』, 『코리아 저널』, 『독립신문』 등 여러 도시에서 교포들이 만든 지역 사회의 교포 신문은 미국 내 민주화 운동을 알리는 데 적지 않은 역할을 하였고, 김대중과도 긴밀하게 협력했다[21]. 임창영

---

20 김대중은 윌리엄 바움(William W. Baum) 워싱턴 D.C. 천주교 대주교에게도 자신이 오랜 카톨릭 신자임을 소개하고, 자신의 연설문 등을 동봉하여 한국 민주주의를 위한 협력을 요청하였다. 김대중, 「윌리엄 바움 미국 대주교에게 보내는 서신」(1973년 6월 4일), 『김대중 전집II 제7권』, 연세대학교 대학출판문화원, 2019, pp.207-208.

21 「이근팔 구술사 인터뷰 제6차」, 2005년 12월 17일, 연세대학교 김대중도서관.

과 김상돈 등은 김대중 납치 사건이 난 후 1973년 9월 8일 시카고에서 조국의 민주화를 촉구하는 시위를 벌였다. 이처럼 교포들은 민주화 운동을 지속해 나갔다.

1973년 1월 5일 일본으로 출국했던 김대중은 3개월간의 활동을 마치고, 1973년 3월 25일 다시 미국으로 건너가 활동을 재개하였다. 3월 30일에는 워싱턴시 메이플라워호텔에서 재미 동포들이 마련한 행사에 참석하여 한국의 상황을 자세히 보고하고, 박정희 정권 타도와 조속한 민주주의 회복을 역설하였다. 이후에도 1973년 4월 14일 포트웨인에서 열린 <제7회 재미한국기독학자협의회 연례회의>에서 시국 강연을 하는 등 미국에서의 활동을 이어 나갔다. 그는 곧 워싱턴 D.C.에 사무실을 내고 미국에서의 활동 거점으로 <동아세아문제연구소 (Center for East Asian Studies)>를 출범시켰다[22]. 시민 사회의 목소리가 크고 자발적인 기부 문화가 있는 미국에서 활동하기 위해서는 이 같은 비정부 학술 기관이 필요했기 때문이다. 이후 미국 정부와 의회 의원 등에게 보내는 문건은 이 연구소의 로고가 찍힌 용지를 사용하였다. 당시 김대중이 미국과 일본을 오가며 망명 활동을 전개한 까닭에 이 연구소의 용지에는 미국과 일본의 주소가 동시에 찍혀 있었다. 일본의 연구소 주소는 그의 친구 김종충이 살고 있는 하라다맨션의 별도 사무실로 되어 있었다.

김대중은 민주주의는 다른 나라의 도움이 아니라 자국 국민의 노

22 「이근팔 구술사 인터뷰 제1차」, 2005년 12월 10일, 연세대학교 김대중도서관.

력과 희생으로 이루어져야 한다는 원칙 아래 교포들과 미국 사회를 설득해 나갔다. 하지만 박정희 정권이 모든 수단을 강구하여 자신을 탄압하려는 엄혹한 현실에 처해 있었기에 김대중은 미국에서의 활동임에도 발언과 행동에 조심하지 않을 수 없었다. 미국 사회에서 생활하고 있는 몇몇 교포들의 낭만적인 생각과 행동은 그가 신경쓰지 않으면 안 될 또 다른 고충이었다. 미국 내에서도 자신을 철저히 감시하는 박정희 정권에 맞서서 그들에게 조금이라도 빌미를 주는 허술한 행동은 그들이 자신의 생명을 위협하고, 민주화 운동을 더 탄압하는 명분을 줄 수 있었기 때문이다. 김대중은 이 같은 허술하고 무모한 결과를 예방하면서 민주화 운동을 이어 가기 위해 항상 모든 것을 경계해야 했다.

1973년 6월경에 미국에서 설립 논의가 시작된 <한국민주회복통일촉진국민회의(한민통)>의 활동과 관련하여 김대중은 활동 원칙을 분명히 하였다. 박정희 정권은 반대하지만 대한민국은 지지, 선민주 후통일, 북한 및 공산주의와는 선 긋기 등, 이른바 3대 원칙이었다. 미국 한민통 준비위원회 회의에서 최석남 장군 같은 경우는 망명정부를 세우자고 주장하였는데 김대중은 이에 반대하고 공식적으로 취소시켰으며, 임창영 전 대사가 북한의 초청으로 방북하려는 움직임에 대하여도 김대중은 미국 교포 사회 민주화 운동 전체에 악영향을 줄 수 있으니 가지 말 것을 설득하여 결국 임창영은 방북 의사를 철회했다[23]. 한민통 일본본부 결성과 관련해서도 이 같은 배경하에 김대중은 조총련과의 연대를 강하게 반대하여 이를 관철시켰다.

당시 교포 사회는 민주화 운동에 대한 관심이 높지 않았고, 대체로 생업에 바쁜 데다 박정희 정권의 감시와 회유가 강한 상태였다. 고국에 있는 가족이나 친지들에 대한 후환이 두려워 많은 교포들은 강연회가 끝나고 기념 촬영도 하지 않으려 했다. 김대중의 공개 강연에는 주미 한국대사관과 중앙정보부 조직이 현지의 친정부적 인사와 조직들을 동원하여 공개적으로 모임을 방해하거나 폭력을 행사하는 사례가 종종 있었다[24]. 한편 김대중의 활동을 위하여 후원금을 내는 사람도 거의 없었고, 그럴 만한 형편도 되지 못하였다. 강연회 등에 초청되었을 때 주최측이 비용을 감당하고 약간의 사례금을 보내는 정도였다. 일본 등의 언론이나 잡지에 기고하면서 받는 원고료나 뜻있는 일부 교포들의 소액 후원 등이 주요 수입원이었다.

제1차 망명기부터 김대중의 미국에서의 비서실장 역할을 했던 이근팔은 김대중의 연설은 항상 논리적이고 명쾌하여 미국 사회와 교포들에게 강한 인상을 남겼다고 회고하였다. "한시라도 가만히 있는 사람이 아니예요. 누구 가령 만나러 간다 하면 비행기 타고 간다

---

23 「김대중 구술사 인터뷰 제17차」, 2007년 1월 13일, 연세대학교 김대중도서관.

24 1973년 5월 18일 샌프란시스코 국제학생회관에서 열린 한국문제연구회가 마련한 시국강연회에 대한 방해 공작 사례에 대한 자세한 현장 상황에 대하여는, "정보부 비호 아래 정치 폭력 난무: 김대중 시국강연회장에서", *The Free Republic,* June 1, 1973 참조. 이 사건의 발생 직후 이근팔은 미 국무부 한국 과장에게 편지와 현지 언론 보도 사본을 보내 상황을 설명하고 이에 대한 대책을 요구하였고, 그 직후 미국 정부는 불법적인 폭력에 가담한 인사들과 한국 대사관측에 강력 경고하였다. "From Keun Pal Lee to Mr. Donald L. Ranard" (May 23, 1973), 연세대학교 김대중도서관.

하면 비행기 타러 갈 때 뭐 열심히 쓰고 책 읽고 쓰고. 만나고 대담을 하고 나와서 우리 또 다른 곳으로 간다고 하면 비행기 안에서 깨알같이 메모를 하고….”[25] 이근팔의 이 같은 회고는 망명기 김대중의 생활 패턴과 자세를 잘 보여 주고 있다.

(2) 미국 주요 인사들과의 네트워크와 전략

1차 망명기 김대중의 미국에서의 활동은 쉽지 않았다. 그가 접촉할 네트워크도 폭넓지 않았으며, 한국의 민주주의에 대한 관심도 그다지 높지 않았다. 미국 국무부는 관심이 많았음에도 한국 정부와의 관계 때문에 공식적인 대응에는 매우 외교적이고 자제하는 분위기였으며, 대다수 의회 의원들은 관심이 없거나 소극적이었다고 할 수 있다. 하지만 한국 정치의 실상이나 김대중에 대해 잘 알고 있었고, 리버럴한 시각을 가진 학계나 언론계에서는 유신을 비판하거나 김대중을 보호하고, 그의 생각을 미국 사회에 알리는 데 매우 적극적이었다.

주일 미국 대사를 지낸 하버드대학교 에드윈 라이샤워(Edwin Reischaur) 교수와 주한 미국 대사관에서 문정관을 역임하는 등, 총 7년간 근무했던 터프트대학교 그레고리 핸더슨(Gregory Henderson)[26] 교

---

25 「이근팔 구술사 인터뷰 제1차」, 2005년 12월 10일, 연세대학교 김대중도서관.

26 그레고리 핸더슨은 1962년 말부터 1963년 초에 “군사 정부 내에서의 공산주의자 영향력에 관한 테제”라는 보고서를 작성하여 마샬 그린에게 보고한 바 있는데, 여기에는 박정희와 김종필의 공산주의 경력에 대한 자신의 조사 내용을 자세히 실었다. 핸더슨은 한국 정치를 분석한 *Korea: The Politics of the Vortex* (Harvard University Press, 1968)를

수, 그리고 중국 인권 전문가로 활동한 하버드대학교 법대의 제롬 코헨(Jerome Cohen), 에드워드 케네디(Edward kennedy) 상원 의원 등은 김대중의 활동을 도운 대표적인 인물들이었다. 라이샤워는 찰스 퍼시(Charles H. Percy), 제임스 풀브라이트(James W. Fulbright), 휴 스콧트(Hugh Scott, 당시 공화당 원내 총무), 마이클 맨스필드(Michael Mansfield, 당시 민주당 원내 총무), 스튜어트 사이밍톤(Stuart Symington) 상원 의원 등 다수의 미 의회 의원들에게 김대중을 소개하고 만나 볼 것과 외교 위원회에서 한국 문제를 심각하게 다루어 줄 것을 요구하는 편지를 보냈다.

그는 이 편지에서 “김대중은 정부의 모든 조직을 통제하고 있는 박 장군의 엄청나게 유리한 상황에도 불구하고, 대선에서 전체의 46%를 득표한 아주 능력 있고 유명하며 좋은 사람”이라고 소개하면서, 그를 만나서 한국에 대한 이야기를 들어보라고 권유하였다. 그는 당시 “한국에서 벌어지고 있는 일은 미국과 세계의 이익을 위하여 매우 위험할 잠재력이 있다.”라고 언급하고, 현재의 상황이 동아시아 전체의 정치적 군사적 불안정을 가져올 수 있다는 우려를 표시하였다.

그는 또한 “미국이 한국에 제공한 경제적 지원이 미국과 일본에서 강한 비판에 직면할 것이다.”라고 지적했다. 그는 마지막으로 “박 정

출간하였다. 김정기가 쓴 『그레고리 핸더슨 평전』에는 그의 한국과의 다양한 인연과 활동 및 생각이 잘 기록되어 있다. 김정기, 『그레고리 핸더슨 평전』, 한울엠플러스, 2023. 참조.

권이 국민들의 저항에 부딪치게 되고 혼란이 초래된다면, 한국이 정치 경제적으로 북한과의 경쟁에서 심각하게 약세에 처하게 될 것이다." 라는 우려도 전달하였다.[27] 그는 거의 유사한 내용의 편지를 헨리 키신저(Henry Kissinger), 당시 닉슨 대통령의 안보 보좌관에게 보내, "일본 육사에서 교육받은 박 장군은, 미국이 아시아에서 손을 뗄 것을 결정한 것처럼 보이니까, 미국의 의견에 별 신경 쓰지 않고 그의 정치 권력을 강화하는 조치를 단행하였다."라는 분석을 추가하였다[28]. 이에 대하여 키신저는 "당신이 우려하는 문제들에 대하여 면밀히 지켜볼 것"이고, 파리에서의 외교 회의 때문에 김대중을 만나지는 못할 것 같다고 전하였다[29].

김대중은 에드워드 케네디, 마이클 맨스필스, 휴 스콧트, 스튜어트 사이밍턴, 제이콥 자비츠(Jacob Javits) 상원 의원 등을 만나 한국의 실상을 설명하고, 민주주의 회복의 필요성을 강조하였다. 김대중은 이들을 만날 때 항상 자기가 미국 신문에 실은 기고문이나 영어로 작성한 정세 분석 자료("한반도 상황과 나의 신념")를 건네면서 자신의 생각을 알려 나갔다. 1973년 5월 14일 면담한 스튜어트 사이밍턴 의원에게 보낸 김대중의 답례 편지 내용은 김대중이 미국에

---

27 Edwin O. Reischauer, "Letter to Senator Hugh Scott" (November 28, 1972), 연세대학교 김대중도서관 소장 자료. 이 자료들은 라이샤워가 이성호를 통하여 김대중에게 참고로 보내 준 것을 이근팔이 보관하고 있다가 연세대학교 김대중도서관에 기증했다.

28 Edwin O. Reischauer, "Letter to Mr. Henry Kissinger" (November 29, 1972), 연세대학교 김대중도서관.

29 Henry Kissinger, "Letter to Professor Edwin O. Reischauer" (January 5, 1973), 연세대학교 김대중도서관.

서 어떤 원칙을 견지해 나갔는지 확인시켜 준다. 김대중은 이 편지에서 "(유신은) 미국의 한국에 대한 원조의 목적과 미국 납세자들의 기대에 정면으로 위배되는 것이다. 지난 면담에서 말씀드린 것과 같이, 나는 미국으로부터 특별한 선처를 요구하는 것이 아니고, 원래 선량한 국민들을 탄압하는 데 쓰여서는 안 된다는 미국 원조의 원래 목적을 상기시킴으로써 당신의 권한으로 현재의 상황을 시정해 줄 것을 요구하는 것입니다."[30]라고 했다. 또한 윌리엄 멜리아드(William Maillard), 가이 밴더 자그트(Guy Vander Jagt) 등 다수의 하원 의원들에게도 김대중은 면담을 신청하고, 자신의 생각을 담은 자료를 전달하였다. 1973년 6월 5일 면담한 레스터 울프(Lester L. Wolff) 하원 의원에게 보낸 김대중의 편지에도 민주주의는 우리의 힘으로 쟁취할 것이라는 그의 신념과 전략이 그대로 기록되어 있다.

> 나는 어떤 특별한 개인적인 도움을 청하는 것도 아니고 미국이 한국의 내정 해결에 간섭해 줄 것을 요구하는 것도 아닙니다. 우리 국민들이 한국의 자유를 회복하기 위하여 싸울 준비가 되어 있고 어떤 희생도 치를 용의가 있다는 점이 현재의 정권의 종말이 멀지 않았음을 보여 주고 있습니다. … 하지만 자유를 되찾으려는 우리의 노력에 심각한 장애물이 있습니다. 그것은 다름 아닌 미국이 제공한 원조의 오용, 특히 미국의 군사 원조를 박정권이 잘못 사용하고 있다는 점입니다. 우리는 미국의 군사 원조가, 한국

30 Kim Dae-jung, "Letter to Senator Stuart Symington" (June 2, 1973), 연세대학교 김대중도서관.

이 국방에 매우 중요하다는 점을 인정하지만, 박 대통령이 이 원조를 자신의 보위하고 국민들을 통제하는 데 오용하고 있습니다.[31]

그레고리 헨더슨은 김대중에게 한국의 언론은 통제되어 더 이상 믿을 수가 없으니 '미국의 소리 방송(VOA)'이나 일본 언론들이 어떤 내용을 전하는지 보고, 그들에게 우리의 생각을 전해야 한다고 제안하였다[32]. 헨더슨은 라이샤워와 함께 1973년 5월 20일자 『뉴욕타임스 메거진』에 "아시아의 다른 전쟁의 유산: 한국은 여전히 위험에 처해 있다."[33] 라는 특별 기고문을 발표하여, 한국 상황을 분석하고 한국과 아시아에 대한 미국의 정책을 재검토하였다. 그들은 이 글에서 "박정희의, 소위 유신 개혁은 다름 아닌 새로운 헌법을 만듦으로써 연약하고 불완전한 한국의 민주주의를 파괴하는 계엄령 선포였다."라고 비판하였다. 하지만 그들은 이 글에서 "(유신 선포 이후) 미국 내에 한반도에서 미군을 철수하고 모든 군사 원조를 끊으라는 끈질긴 주장들이 있지만, 이러한 조치들은 적당한 절차를 거쳐서 이루어지는 게 바람직하다. 이런 조치들이 갑작스럽게 이루어진다면 정권의 전복이나 한반도에서의 전쟁의 가능성이 크게 증가할 수 있다."라고 진단하였다. 이어서 그들은 "한국인들은 끈질기고 에너지가 넘치며 기본적으로 자신

---

31 Kim Dae-jung, "Letter to The Honorable Lester L. Wolff" (June 5, 1973), 연세대학교 김대중도서관.

32 Gregory Henderson, "Letter to Kim Dae-jung" (April 14, 1973), 연세대학교 김대중도서관.

33 Edwin O. Reischauer and Gregory Henderson, "The Legacy of that other war in Asia: There's danger in Korea still", *The New York Tomes Magazine*, May 20, 1973.

들의 꿈을 걱정하는 국민들이다. 그들은 외세가 자신들의 운명을 결정하도록 내버려 두지 않는다."라고 평가하였다. 그리고 "직접적인 개입은 상상하기 힘들고 위협이나 공개적인 압박은 역효과를 가져올 수 있다."라고 경계하면서도 "상호 관심사에 대한 조심스럽고 심도 깊은 소통의 여지는 있다."라고 제언하였다.

이들은 김대중과도 여러 차례 만나서 의견을 교환한 바 있다. 이들의 생각은, 유신의 배경을 미국의 아시아 정책의 실패에서 찾고 유신이 장기적으로 한국의 안보와 한반도 평화에도 부정적 영향을 가져올 것이라고 주장해 온, 김대중의 정세 분석과도 크게 다르지 않았다. 김대중은, 한국 정치에 대하여 낮은 관심을 보이고 있고 닉슨 독트린의 분위기가 지배하고 있는 미국 사회에서 유신의 부당함을 알리기 위하여, 아시아에서 민주주의가 후퇴하고 독재 정권이 속출함으로써 미국의 아시아 정책이 실패하고 있고, 미국인들의 원래 목표가 달성되지 않고 있음을 중점적으로 강조한 것으로 보인다.

한편, 김대중은 미국 국무성 인사들과도 적극적으로 만나며 유신과 한국 민주주의에 대한 자신의 생각을 알리기 위하여 많은 노력을 하였다. 미국에 도착한 지 일주일 후인 1972년 11월 20일, 김대중은 미국 국무부 한국 과장 도널드 레나드(Donald R. Ranard)를 만나 한국의 암울한 정치 상황을 설명하고, 이어 1972년 11월 22일에는 미국 동아시아태평양 담당 차관보인 마샬 그린(Marshall Green)과 면담하였다[34]. 김대중은

34 김대중은 한국 과장 레나드와 그린 차관보에 대하여, "그때는 한국 정부 때문에 나를 만나기가 어려운 때인데 만나더라고, 만나가지고 격려하는 말을 하고 그러더라고…."라고 회고

두 사람과의 면담 자리에서 미국에 대한 다음 4가지 질문을 하였다. 첫째 현재의 남북 관계의 진전에 대하여 미국이 만족하는지, 둘째 한국 국민의 안전에 대하여 미국은 무엇을 할 의향인지, 셋째 김대중에게 기대하는 것이 있는지, 마지막으로 미국은 한국에서의 평화적인 정권 교체를 바라고 있는지였다. 레나드와 그린은 남북 대화가 적대적 대립보다 낫고, 하비브 대사가 한국의 고위층에 체포나 탄압을 자제하도록 말하였는데 이것이 어느 정도 효과가 있었다고 대답하였다. 그들은 평화적 정권 교체가 민주 발전의 마지막 단계가 될 것이라고 대답하였다. 그리고 미국이 김대중을 높은 관심을 갖고 지켜보고 미국의 친구로 여길 것이며, 민주화를 위한 노력이 잘 진전되기를 바란다고 말했다[35]. 김대중은 이 자리에서 일본에서의 활동 계획도 설명하면서 그의 활동을 도와줄 것을 요청하였다. 특히 레나드는 김대중에 대하여 호의적이었고, 이후에도 한국의 민주화에 대하여 관심을 갖고 협력했던 인물로 알려져 있다.

김대중이 활동한 또 하나의 중요한 공간은 미국의 언론과 대학들이었다. 정치 권력을 감시하고, 특히 개발 도상국의 독재를 강하게 비판

하였다. 「김대중 구술사 인터뷰 제16차」, 2007년 1월 11일, 연세대학교 김대중도서관.

35 "From Department of State to the Embassy in Seoul" (December 8, 1972), Pol 15 Kor S, 222438. 이 보고서는 레나드에 이어 마샬 그린 차관보가 김대중과 면담한 내용에 미국무성의 방침을 추가하여 작성된 것으로, 주한 미 대사관에 전달한 자료이다. 미 국무부는 다음 날 김대중과의 면담 내용과 김대중의 향후 계획 등에 관하여 동경의 미국 대사관과도 공유하였다. 다른 한편, 주미 한국 대사는 김대중과 그린 차관보와의 면담에 대하여 그린 차관보에게 문의하여 국내에 보고하였다. 김대중과의 대화 내용을 궁금해하는 주미 대사에 대하여 그린 차관보는 자세한 언급을 회피하면서, "미국 정부가 한국에서의 사태를 주시하고 있고, 한국에서 앞으로도 야당의 역할이 중요하다."라고 언급했다는 정도만 말해 주었다. "주미 대사가 장관에게 보내는 전문" (1972년 11월 24일), 한국 외무부, USW-11293.

한 미국 언론은 유신의 실상과 김대중의 생각을 알리는 데 적극적으로 나섰다. 아울러 한국에 관심이 있거나 연고가 있는 대학들은 김대중에게 대중 강연의 기회를 만들어 주었다. 김대중은 『워싱턴포스트』(10월 24일), 『타임』(12월 14일), 『뉴욕타임즈』 등의 관계자들을 직접 만나서 한국의 실상을 설명하고, 미국과 세계의 독자들이 이 같은 내용을 알 수 있도록 다루어 줄 것을 당부하였다. 김대중은 『뉴욕타임즈』 발행인 슐츠버거(C. L. Sulzberger) 등에게도 자신의 연설문 등을 동봉하여 편지를 보내 한국의 실상을 알려 줄 것으로 호소하였다[36].

그는 이외에도 많은 신문사 기자들과 인터뷰를 하는 등, 한국의 민주주의 회복을 위해 노력하였다. 『해럴드 트레블러 앤드 보스턴 레코트 아메리칸』(1972년 11월 27일), 『크리스천 사이언스 모니터』(1972년 12월 5일), 『뉴월드 아웃룩』[37](1973년 2월 26일), 『댈러스 타임스 헤럴드』(1973년 6월 24일) 등에 인터뷰 기사가 게재되었다. 그리고 김대중은 1973년 2월 23일 『뉴욕타임즈』에 "아시아에 관한 충고"라는 글을 기고하였다. 그는 이 글에서, "닉슨 독트린의 이름 아래 진전되고 있는 아시아에서의 점진적인 미군 철수는 이 지역에서 군사독재의 도미노 현상을 초래하고 있다."라고 진단하고, "주한 미군 철수

---

36 "Letter from C.L.Sulzberger to Kim Dae-jung" (February 5, 1973), 연세대학교 김대중도서관.

37 김대중은 『뉴월드 아웃룩』의 1973년 5월 호에 실린 "한국 민주주의의 회복"이라는 인터뷰에서 "한국인들은 항상 미국을 민주주의의 천사이자 민주주의의 메카라고 간주해 왔습니다. 그러나 우리는 미국이 오로지 립 서비스만으로 민주주의를 말해 왔다는 것을 알고 있습니다. 미국은 독재 권력이 반공주의를 분명히 하는 한 그 독재 권력을 무한정 지원해 왔습니다."라고 언급한 바 있다. 김대중, 「뉴월드 아웃룩과의 인터뷰」 (1973년 2월 26일), 『김대중 전집 II 제7권』, 연세대학교 대학출판문화원, 2019, p.124.

는 중국과 북한 등 공산 진영에 유리한 사안이지만, 일본이 재무장하고 한국에 군사 정권이 강화될 우려가 있어, 공산 진영 국가들도 미군 철수에 대하여 생각이 복잡할 것이다."라고 주장하였다.[38] 이처럼 성급한 주한 미군 철수가 한반도의 안보는 물론, 한국의 국내 정치에도 악영향을 줄 수 있다는 김대중의 우려와 주장은 미국 사회에 대하여 그가 알리고자 한 주요한 메시지의 하나였다. 『더 이브닝 스타 앤드 데일리 뉴스』의 편집인 크로스비 노이스(Crosby S. Noyes)는 자신의 기고문에서 김대중에게 받은 편지 내용을 소개하면서, 미군 철수와 한국의 유신 체제에 대한 김대중의 우려와 견해가 매우 정확하다고 적은 바 있다.[39]

김대중은 1972년 12월 7일 미주리주 소재 웨스트민스터대학에서 강연하는 것을 시작으로, 시애틀 소재 워싱턴대학교(1973년 4월 25일), 시카고 소재 루터신학교(1973년 4월 27일) 등에서 한국 민주주의 회복을 위한 대중 강연을 실시하였다. 1973년 5월 18일에는 캘리포니아 버클리대학교의 정치학과 로버트 스칼라피노(Robert A. Scalapino) 교수와 아시아 및 한국에 대한 면담과 토론을 진행하기도 하였다. 김대중은 바쁜 망명 생활 중에도 1973년 6월 11일 라이샤워의 소개로 하버드대학교의 케네디스쿨에서 연구원으로 공부를 더 하기 위해 서류를 제출하였고 허가를 받았다. 하지만 이는 납치 사건이 발생함으로써 미

38 Kim Dae-jung, "Advice on Asia" (February 23, 1973), *The New York Times.*

39 Crosby S. Noyes, "Democracy in Asia Continues Its Sad Demise," *The Evening Star and Daily News*, February 1, 1973.

루어졌고, 납치 후 에드윈 라이샤워 교수는 1973년 11월 방한하여 김대중에게 하버드대학 입학 허가서를 전달했는데, 이 초청은 제2차 망명 기간인 1983년 4월 4일 하버드대학교 국제 문제 연구소 방문 연구원에 초빙되면서 비로소 이어질 수 있었다[40].

40 이근팔은, 당시 김대중이 바쁜 일정에도 "강의도 꼬박꼬박 들어가고, 끝날 때 논문도 제출하였다."라고 증언하였다. 「이근팔 구술사 인터뷰 제4차」, 2005년 12월 15일, 연세대학교 김대중도서관.

4. 미국의 한국에 대한 인식과 한미 관계

(1) 박정희 정부의 미국에 대한 인식과 대응

유신은 박정희 대통령과 일부 측근의 주도로 극비리에 추진되었고, 주한 미국 대사에게도 발표 하루 전에 통보되었다. 당시 한국에 대하여 미국이 많은 영향력을 가지고 있었던 것은 사실이지만, 미국이 다른 주권 국가의 내정에 직접적으로 개입하기는 힘든 상황이었다. 박정희 대통령은 미국에 대하여 자주 외교를 강조해 왔고, 이에 유신도 미국이 알지 못하도록 극비리에 추진하였던 것이다. 하지만 미국의 존재와 요구를 무시할 수 없는 구조에서 그들의 반응에 민감했던 박정희 정부는 주요 사안마다 최소한 사후적으로라도 미국을 이해시키고 설득하기 위하여 노력하였다. 미국 또한 박정희 정부에게 주요 정책마다 커다란 압력을 행사한 것이 사실이다.

유신 선포와 관련하여 미국 시간으로 10월 16일 오후 5시 30분, 그리고 10월 17일 아침 8시 45분, 미국 국무성 윌리엄 로저스 장관과 존슨 차관에게 연이어 초치된 주미 한국 대사 김동조는 한국 정부의 입장을 설명하였다. 이 자리에서 미국이 김동조 대사에게 가장 민감하게 반응한 부분은 다음과 같은, 열강들에 대한 박정희 대통령의 표현이었다. 이에 대해 미국이 불만을 표시하였고 닉슨 대통령의 강한 우려와 불만이 미 국무장관을 통하여 김 대사에게 전달되었다. 이에 김동조 대사는 저녁에 이후락 중앙정보부장에게 이 공세적인 표현을 삭제하도록 두 번이나 전달하였다고 설명했고, 미국 국무성 측도 해당 회동 중에 관련 부분이 수정된 것으로 확인했다고 기록하고 있다. 즉, "열강들"이라는 표현이 미국을 직접 지칭하는 것이 아니고, 침략을 많이 당한 한국의 역사를 국민들에게 상기시키기 위한 표현 정도로 완화하는 등, 몇 개의 문장이 수정 혹은 삭제되었던 것이다[41].

> 그러나 긴장 완화의 본질은 아직까지도 열강들의 또 하나의 새로운 문제 해결 방식에 지나지 않으며 이 지역에서는 불행하게도 긴장 완화가 아직 정착되지 못하고 있는 것으로 나는 보고 있습니다. … 그러기 때문에 긴장 완화라는 이름 밑에 이른바 열강들이 제3국이나 중소 국가들을 희생의 제물로 삼는 일이 충분히 있을 수 있다는 점을 우리는 경계해야 할 것입니다.[42]

한편 서울에서는 1972년 10월 19일 박종규 청와대 비서실장이 하비브 대사에게 백두진과 장경선을 미국에, 그리고 정일권과 이병희를 일

---

41 Department of State, "ROK Ambassador's Call on Under Secretary Johnson" (October 18, 1972), POL 15 KOR S, 189689. 같은 날 미 국무성 내부 자료에 의하면, 17일 발표된 원문은 문서 형태로 곧 미 국무성에 전달될 것이니 20일에 비밀 문건으로 해 둘 것을 지시하였다. 우리가 알고 있듯이 민감한 부분을 삭제한 수정본도 비밀 해제하지 말고 비밀로 유지할 것을 지시하였다. Department of State, "Special Declaration by President Park, Oct. 17, 1972" (October 18, 1972), POL 15 KOR S, 1810467. 미 국무성 대변인 찰스 브레이는 정례 기자 회견에서 열강들의 이익에 약소국이 희생될 수 있다고 발표한 박정희 대통령의 표현에 대한 질문에는, "대중공 및 대소 관계 개선을 모색하는 닉슨 대통령의 정책은 약소국들의 이익을 애써 보호하기 위한 것"이라고 답변하였다. 이 발표 내용에는 박정희 대통령의 표현에 대한 닉슨 대통령의 불만이 간접적으로 반영되어 있다고 볼 수 있다. "미국무성, 김대사 초치," 『동아일보』, 1972년 10월 18일.

42 "박대통령 특별선언 전문", 『경향신문』, 1972년 10월 18일.

본에 파견하여 유신을 설명하고 협력을 구할 것이라고 알려 주었다.[43] 그리고 김정렴 청와대 비서실장은 하비브 대사와의 회동에서 향후 정치 일정에 대한 구체적인 내용을 알려 줄 것을 요구한 하비브 대사에게 헌법 초안이 나오면 바로 알려 주겠다고 약속하였다[44]. 그리고 이후락 중앙정보부장은 1972년 10월 30일 자신의 특별 보좌관인 김상인을 하비브 대사에게 보내 남북 대화 상황, 평양 방문의 목적과 일정 등을 설명하였고, 향후에도 남북 관계에 새로운 진전이 있을 시 미리 미국에 알리겠다고 약속하였다.[45] 동일한 회동에 대한 미 대사관의 다른 전문에서는 이후락이 유신에 관하여 미국에 어떻게 설명했는지 흥미롭지만, 씁쓸한 부분이 관찰된다. 이 전문에 의하며, "이후락은 계엄령 선포와 헌법 개정에 대하여 나(하비브 대사)와 미리 조율하지 않은 점이 어색하다(awkward)고 느끼고 있고, 이후락은 미국과의 긴밀한 조율이 중요하다고 믿는다. 그러나 김상인은 상당히 명확하게, 이후락은 박정희 대통령의 미리 미국에 알리지 말라는 지시를 따른 것이라고 암시했다."라고 적고 있다. 이후락은 하비브 대사에게 그간의 유신 논의 과정을 자세히 설명하고, 최종 결정은 10월 14일 오전 10시에 이루어졌다고 알려 주었는데, 누가 이 제안을 했는지에 대하여는 누설하지

43 "Telegram from Embassy Seoul to the Secretary of State: Martial Law Proclamation" (October 19, 1972), POL 15-5 KOR S, 1909537.

44 "Telegram from Embassy Seoul to the Secretary of State: Constitutional Revision" (October 21, 1972), POL 15-5 KOR S, 2106057.

45 "Telegram from the Embassy in Korea to the Secretary of State: South-North Contacts" (October 31, 1972), POL 7 KOR S, 065844.

않았다.[46] 이 전문의 에피소드는 이후락 중앙정보부장이 비밀스럽게 대통령의 진의를 미국에 대한 자기 정치의 일환으로 누설하는 경우로서, 당시 박정희 정권의 내부 정치와 한미 관계의 복잡한 관계의 단면을 보여 주는 것이라 할 수 있다.

또한 주미 한국 대사가 장관에게 보낸 전문을 자세히 보면, 주미 대사 본인도 한국 정부와 미국 정부 사이에서 곤혹스러워하는 분위

---

46 "Telegram from the Embassy in Seoul to the Secretary of State: South-North Contacts" (October 31, 1972), POL 23-9 KOR S, 6283. 위의 두 개의 전문은 외교 관련 부서나 기관들 중에도 특별히 배포처를 제한한다는 의미의 Exclusive Distribution(EXDIS)이라는 표시가 되어 있는 용지를 사용하였다. 이 부분은 이후락이 미국 대사에게 자기는 미리 알리고 싶었는데, 박정희 대통령이 막았다는 뉘앙스를 흘리면서 미국에 대하여 비밀스럽게 이중적인 태도를 취하고 있던 것으로 보인다. 그리고 누가 유신을 제안했는지에 대한 질문에는 자신이 깊이 연관되어 있기 때문에 대답하지 않은 것으로 보인다. 이후락의 이 같은 태도와 행태에 대하여 김종필은 묘한 재주라고 하며 비판적으로 해석하였다. 김종필은 "유신 건의도, 평양 방문도, 김대중 납치 사건도 다 그런 재주를 피우다 벌어진 일이다."라고 증언하였다(김종필, 『김종필 증언록 1』, 와이즈베리, 2016, p.404). 다른 한편, 김정렬(1963년 2월 민주공화당 초대 의장, 1963년 4월 주미 대사 임명)은 주미 대사 퇴임 후 문명자 기자와의 인터뷰에서 "문 기자, 이후락이 같이 교활한 놈은 이 세상에 다시 없을 거요. 이후락과 김형욱이란 악당 손에 박 정권은 결국 몰락하고 말 거야."라고 말했다. 그리고 장면 비서였던 선우종원의 증언에 의하면, 민주당 정권 때 중앙정보부의 전신이라 할 수 있는 정보조사국을 만들었는데, 많은 사람의 반대에도 불구하고 미국 CIA 한국 지부가 밀어서 이후락이 창설 책임자가 되었다고 한다. 김정렬도 "국군 창건 당시부터 이후락은 미군 측과 거래가 있었겠지"라고 말했다. 문명자 기자는 "이후락은 5.16 이후 CIA가 박정희 주변에 깊숙이 박아 놓은 첩자였다. 그는 최고회의 공보실장 시절부터 최고회의 정보를 미국 측에 보고하였다. 미국으로서는 창군 초기부터 내내 미국 정보 기관의 끄나풀이었던 이후락을 좌익 전력을 가진 박정희 옆에 붙여 놓았으니까, 박정희에 대하여 자신만만할 수 있었다. 그렇다고 박정희가 일방적으로 감시만 당했던 것은 아니었다. 박정희는 박정희대로 이후락 같은 미국 끄나풀을 곁에 둠으로써 미국으로부터 신뢰를 얻는 방편으로 삼았던 것이다."라고 기록하였다(문명자, 『내가 본 박정희와 김대중: 백악관 출입기자 문명자의 40년 취재파일』, 도서출판 말, 1999, pp.232-234). 5.16에서부터 주미 대사 시절까지 박정희와 각별한 사이였던 김정렬이 경험한 한미 관계에 관한 증언들은, 김정렬, 『항공의 경종, 김정렬 회고록』, 대희, 2010, pp.257-296) 참조.

기를 느낄 수 있다. 또한 간혹 미국의 견해를 일부 순화 혹은 왜곡하여 국내에 보고하는 경향도 있었던 것으로 보인다. 예를 들면, 김동조 대사가 존슨 차관을 면담한 결과를 보고하면서, 1972년 11월 22일 김대중과의 면담에서 그린 차관보가 김대중에게, "미국 정부가 미국식 민주주의를 한국에 그대로 이식하는 것이 반드시 옳다고 보지 않는다."라는 점과 "이에 대하여 김대중도 수긍하는 반응을 보였다."라고 보고한 내용은, 미 국무부 내 논의 내용과 김대중의 인식을 종합적으로 감안하면 정확하지 않거나 권력자들의 심기를 건드리지 않기 위하여 거짓으로 보고되었을 수도 있어 보인다[47].

다른 한편, 박정희 정부는 미국에서 유신의 부당함을 알리고 민주화 운동을 전개하고 있는 김대중의 활동에 대하여 세밀하게 추적하고 감시하였다. 1972년 11월 11일 주미 대사에게 보낸 전문에서 외무장관은 "김대중은 11월 13일 워싱톤으로 향발하여 미 정부, 의회 지도층과 만날 것이며 또한 워싱톤 언론계와도 접촉할 것이라 하는 바, 귀하는 가능한 귀지에서의 동인의 활동을 discourage 시키는 방향으로 노력하시고 귀지 체재 중의 동인의 동정에 관하여 상세 보고 바람(미, 일)."이라고 지시하였다[48]. 이에 주미 대사는 긴급 대외비의 형태로 김대중의 활동이나 기자 회견 내용과 대응 등을 수시로 본국에 보고하였다[49]. 이 같은 감시와 보고는 주일 대사와 장관 사이에도

47 "주미 대사가 장관에게 보낸 전문" (1972년 11월 27일), 한국 외무부, USW-1133.

48 "장관이 주미 대사에게 보낸 전문" (1972년 11월 11일), 한국 외무부, WUS-11106.

49 "주미 대사가 장관에게 보낸 전문" (1972년 11월 21일), 한국 외무부, USW-11288.

동일하게 이루어졌다[50].

게다가 뉴욕 총영사는 미국의 주요 언론들에게 김대중의 활동에 관한 기사를 싣지 말 것을 부탁하였다. 예를 들면, 1972년 11월 11일자 『뉴욕타임즈』에 김대중이 동경 프레스클럽에서 한 연설에 관한 기사가 게재될 예정인 것을 확인하고, 공보관이 『뉴욕타임즈』 외신 편집자에게 해당 기사를 빼든지, 안 되면 되도록 짧게 해서 뒷 페이지로 돌려줄 것을 부탁하였고, 데일리 뉴스 편집자도 접촉하여 동일한 당부를 하였다[51]. 심지어 중앙정보부는 1972년 10월 17일 저녁 'AP', 『Washing Evening Star and Time』, 『New York Times』, 『Newsweek』 등의 기자를 불러서 한국 정부의 정책에 우호적인 분위기를 만드는 데 도와줄 것을 요구하기도 하였다. 당시 'NBC' TV 카메라맨이나 『Newsweek』의 버나드 크리셔(Bernard Kreisher) 기자 등은 서울 도심에서 탱크를 비롯한 계엄령 풍경을 취재하다 경찰들에게 필름을 빼앗기거나, 그 와중에 내동댕이쳐지기도 하였다[52].

(2) 미국의 유신 정권에 대한 분석과 대응

미국은 유신을 당황스럽고 불만스러운 사건으로 생각하고, 한미 관계와 동북아 질서에 갑작스런 긴장의 파고를 적절히 관리하기 위

50 "주일 대사가 장관에게 보낸 전문" (1972년 11월 11일), 한국 외무부, JAW-11221.

51 "뉴욕 총영사가 장관에게 보낸 전문" (1972년 11월 11일), 한국 외무부, NYW-1190.

52 "Telegram from the Embassy in Seoul to the Secretary of Department of State: Situation under Martial Law Oct. 19" (October 19, 1972), POL 23-9 KOR S.

해서 신중하면서도 강한 어조로 경고하는 등 내부적으로 치밀하게 움직였다. 미 국무성은 대변인 브리핑에서는 외교적이고 절제된 언급을 했지만, 실제로 김동조 대사를 초치한 자리에서는 매우 구체적이고 직접적인 답변을 요구한 바 있다. 또한 미국에서는 백악관과 국무성의 견해도 중요하지만, 비판적이고 자유주의적인 언론과 시민사회의 견해도 미국이 한국과 유신 체제에 대응하는 데 상당히 중요한 역할을 하였다.

김동조 대사를 초치하여 설명을 들은 후 당일 정례 기자 회견에서 미 국무부 대변인 찰스 브레이(Charles Bray)는 다음과 같이 논평하였다. 계엄령 선포에 관해서 "사전 협의를 받은 일이 없고 명백히 우리는 아무 관련이 없다. … 미국이 한국에 군대를 주둔시키고 각종 원조를 해 온 것은 한국의 발전을 돕고, 또 한국에 안정 분위기를 조성하는 데 목적이 있고, 이 점에 대해서는 아무런 변화도 없다. … 박정희 대통령의 계엄령 선포는 어디까지나 잠정적 조치임을 명백히 하고 한국이 국제 공약을 준수할 것이며, 민주 헌정을 고수하고 남북대화를 계속 추진할 것 등을 다짐한 점들은 매우 소중한 공약들이다."[53] 이는 미국이 유신과 연관이 없다는 점을 분명히 하고, 안정적 관리를 위한 전략이 반영된 논평으로 이해된다[54].

하지만 이 같은 외교적인 언급과는 달리 김동조 대사를 초치한 자

---

53 "한미 우호 관계 불변," 『매일경제』, 1972년 10월 18일.

54 미국 현지 시간 17일 아침에 이루어진 회동의 내용에 대하여는 미 국무성 대변인이 협의 내용에 대하여 일체 언급을 하지 않았다. "10.17 선언 우호에 무영향," 『조선일보』, 1972년 10월 19일.

리에서 미국은 매우 심각한 우려를 표명하고, 구체적인 해명을 요구하며 여러 가지 경고를 하였다. 김동조 대사를 초치했던 회의 내용을 정리하고 관련 부서에 제한적으로 배포한 미 국무성의 전문[55]에는 매우 구체적인 미국의 불만과 경고가 담겨 있다. 우선 김동조 대사는 "계엄령은 미국이 받아들이기 힘들 것이기에 국민 투표가 있을 것이고, 한국 정부의 의도는 독재를 하자는 것이 아니고, 보다 효율적인 정부를 만들자는 것이다."라고 말하고, "미국 정부가 한미 관계를 방해할 수 있는 어떠한 공식적인 성명도 내지 않기를 희망한다."라는 당부를 여러 차례 반복하였다. 이에 대해 존슨 차관은 김 대사에게 "분노보다 더한 슬픔(more in sorrow than in anger)"이라는 강한 항의를 표시하였다. 그리고 논란이 된 선언문의 표현이 삭제되었음에도 여전히 불만족스러우며(unsatisfactory), "이것은 미국의 대아시아 정책에 대한 직접적 비판"으로 받아들인다고 말하고, 한국의 내정에 간섭하지는 않겠지만, 미국은 충격을 받았고 모두가 깊이 실망스럽게(deeply disappointed) 생각한다고 말했다. 그는 또한 이제 남한과 북한의 차이가 무엇이냐고 따지고 현재의 계획을 재고할 것을 요구하면서, 이승만 정권의 사례가 재현될 수 있음을 우려한다고 말했다. 존슨 차관은 이어서 "미국은 한국의 결정과 어떤 연관도 시키지 않을 것이고, 미국이 한국의 결정을 지지하거나 정당하다고 간주할 어떤 시사도 하지 않을 것이다."라고 덧붙였다. 게다가 그린

---

55 "Telegram from the Secretary of State to the Embassy in Seoul: ROK Ambassador's Call on Under Secretary Johnson" (October 17, 1972), POL 15 KOR S, 189689.

차관보는 그동안 한국의 성공적인 이야기가 미국 국민에게 미국의 아시아 정책에 대한 좋은 인상을 주어 미국 내 신고립주의적 경향을 반박하는 데 도움을 주었지만, 한국의 이번 조치는 이러한 흐름에 많은 의문을 던져 주었다고 하였다. 그는 이전에는 한국에 대한 우호적 이미지 때문에 의회에서 군사 원조를 얻어 내는 데 반대가 없었지만, "이제는 의회에서 지지를 얻는 것이 더욱 어려워지게 되었다."라고 경고했다. 그린 차관보는 한국 정부가 미국 언론의 강한 비판에 직면하게 될 것이라는 경고도 덧붙였다. 마지막으로 존슨 차관은, 박정희 대통령이 헌법 개정이 국민 투표에서 부결될 경우에 새로운 방안을 모색할 것이라고 한 대목[56]에 대하여, 그 방안이 무엇을 의미하는지, 혹시 이승만의 북진 통일론 같은 계획인지를 김동조 대사에게 강하게 다그치기도 하였다.

유신은 미국과 닉슨 대통령에게 부정적으로 받아들여졌는데, 이같은 분위기는 1969년 3선 개헌에서부터 시작된 한미 간의 긴장이 더욱 고조되는 계기가 되었다고 할 수 있다. 박정희 정권의 3선 개헌에 대하여 미국은 비판적이었다. 이에 앞서 한국 정부는 1969년 중순부터 한미 정상 회담을 성사시키기 위하여 노력하였다. 하지만 한국 내의 3선 개헌 반대 투쟁을 지켜보며, 한국이 한미 정상 회담을 3선 개헌에 대한 미국의 지지로 활용하려는 의도를 간파하고 있던 미국은 회담 개최에 소극적이었

56 박정희 대통령은 선언문 마지막 부분에서, "만일 국민 여러분이 헌법 개정안에 찬성치 않는다면 나는 이것을 남북 대화를 원치 않는다는 국민의 의사 표시로 받아들이고 조국 통일에 대한 새로운 방안을 모색할 것임을 아울러 밝혀 두는 바입니다."라고 하였다.

다. 그러나 주한 미군 철수 문제 등을 표면적인 의제로 내세우는 한국의 요구를 거부할 수 없어, 1969년 8월 21일과 22일 양일간 한미 정상 회담이 개최되었다. 하지만 미국은 정상 회담이 3선 개헌을 지지한다는 인상을 주지 않기 위하여 회담 장소로 한국이 요구한 워싱턴의 백악관을 받아들이지 않았다. 결국 8월 5일에 미국 정부가 워싱턴이 아닌 다른 곳으로 회담 장소 변경을 통보하였고[57], 8월 7일에는 캘리포니아주 새크라멘토에 있는 닉슨 대통령의 별장이 예상되었으나, 결국 샌프란시스코에 있는 일반 호텔인 세인트 프란시스호텔로 정해졌다. 정상 회담을 일반 호텔에서 개최하는 것은 유례없는 일인데, 여기에는 3선 개헌에 대한 닉슨 행정부의 불만이 담겨 있었던 것이다.[58]

이와 같은 닉슨 행정부의 3선 개헌에 대한 대응 전략의 연속선상에서, 1972년 11월 21일 국민 투표에 대한 미국 닉슨 대통령의 메시지를 발표하는 과정에서도 미국은 매우 신중하였다. 미국은 백악관, 국무부, 주한 미국 대사관 사이에 며칠간 긴밀하고 세심한 조율을 거치면서 가장 의례적이고 짧은 축하 메세지 문안을 완성하였다. 닉슨 대통령이 박정희 대통령에게 보낸 축하 편지는 앞뒤 부분의 의례적인 표현과 함께, "나는 그동안 양국의 긴밀한 관계를 만들어 낸 협력적이고 우호적인 관계가 계속되고, 아시아 평화라는 목표를 위해 당신과 같이 일해 나갈 것으로 기대한다."라는 짧은 내용이 담겨 있다. 이 문안을 협의하는 과정에서 미국 정부는 국민 투표의 공식적인 결

57 "한미 정상 회담 장소 변경될 듯," 『동아일보』, 1969년 8월 5일.

58 문명자, 앞의 책, pp.98-102.

과가 선언될 때까지 축하 편지를 보내서는 안 된다는 점과, 미국 정부가 유신 체제에 대하여 사전 협의를 받았거나 연관되어 있다는 인상을 주어서는 안 되며, 미국의 공식적인 입장은 헌법 개정은 한국의 내정이고 미국은 논평을 거부한다는 점을 누차에 걸쳐 확인하고 내부 단속을 하였던 것이다[59].

이 같은 닉슨 대통령과 미국의 신중하고 비판적인 대응에 대하여 당시 백악관을 출입하던 문명자 기자의 다음과 같은 해석은 시사하는 바가 크다.

> 만일 유신에 항거해 한국민들이 봉기라도 일으키게 된다면, 혹은 내부 저항으로 위기에 몰린 박정권이 내부 문제를 외부로 돌리기 위해 북한을 선제공격하는 식으로 국지전이라도 일으킨다면, 주한 미군은 어쩔 수 없이 다시 한번 한반도에서 내전에 휘말리게 되고, 그것은 제2의 월남전과 같은 쓰레기통 속으로 빠져드는 것을 의미했다.[60]

결국 미국은 유신 체제로 한국의 내정이나 한반도 및 아시아의 불안정이 초래되어 미군 철수와 데탕트를 추진 중인 닉슨의 아시아 정책이 도전을 받게 되고, 미국 내에서 정책이 실패한 것이 아니냐는 비판이 일어 닉슨 행정부와 미군의 부담이 다시 늘게 될 것을 가장

59 "Memorandum for Mr. Henry A. Kissinger: Congratulatory Message to President Park Chung Hee" (December 22, 1972), POL 15-1 KOR S.

60 문명자, 앞의 책, p.321.

우려하였다고 볼 수 있다. 유신 선포 당일 초치된 김동조 대사에게 존슨 차관이 박정희 대통령의 또 다른 계획이 무엇인지에 대하여 예민하게 다그치고, 우려를 표명한 것도 이 같은 맥락에서 이루어진 것으로 생각된다.[61]

미국 행정부의 한국팀 내에서는 박정희 정부의 유신과 헌법 개정을 계기로 이에 어떻게 대응할 것인지에 대하여, 매우 심각한 옵션을 포함한 여러 가지 장단기 대응 전략이 고민되었다. 1972년 10월 23일 주한 미국 대사 하비브가 국무장관에게 보낸 전문[62]에는 한국팀 내의 다양한 메시지와 행동 방향이 잘 정리되어 있다. 해당 전문의 내용을 간략히 정리하면 다음과 같다.

(1) 이 조치로 과거 27년간 미국이 추구해 오고 한국을 지지해 온 정치 철학으로부터 박이 멀어졌다는 점은 명백하다.

(2) 박이 이전으로 모든 것을 되돌리라고 설득하는 노력은 실현 가능성이 없어 폐기되어야 한다. 오로지 구체적이고 전격적인 제재(모든 군

---

61 이 밖에 미국은 계엄령 직후 한미 주둔군 지위 협정(SOFA) 운영과 관련하여 우려를 표시하고 한국 정부와 여러 차례 협의하였으나, 이 협정은 그렇게 민감한 문제는 아니었고 관례대로 변함없이 준수되면서 추가적인 논의는 필요 없었다. "Telegram from the Embassy in Seoul To the Secretary of State: Legal Effect of Declaration of Martial Law in R.O.K." (October 18, 1972), POL 23-9 KOR S, 104509.

62 "Telegram from the Embasy in Seoul to the Secretary of State: U.S. Response to Korean Constitutional Revision" (October 23, 1972), POL 15-5 KOR S, 008584. 이 보고서는 제한적 배포(EXDIS) 용지에 작성되었고, This is a country team message라는 제목이 추가로 붙어 있다. 본문 내용 중에 박정희 대통령의 호칭도 대통령 직책을 붙이지 않고, 그냥 Park으로 되어 있다.

사 원조나 경제 지원을 당장 중단하는 것 등)만이 그를 되돌릴 수 있다. 그렇지만 너무 큰 대가를 치르는 승리가 될 것이다. 우리가 박을 파괴하든지, 아니면 그와의 미래 협력은 불가능하게 될 것이다.

(3) 두 번째 가능한 행동 요령은 우리가 억압적인 조치를 완화하고, 민주적 원칙을 더 지독하게 파괴하는 조치는 수정하도록 박을 설득하는 것이다. 하지만 이 옵션은 미국이 잘못 개입하면 박의 계획을 암묵적으로 인정하거나 공동 책임을 지는 것으로 보일 수 있다는 점에서 약점이 있다.

(4) 세 번째 옵션은 이미 실망과 반대의 의견을 밝혔듯이, 이 문제에 대하여 분리(disassociation) 원칙을 견지하는 것이다. 우리는 이 문제에 관하여 사전에 협의 받거나 관련된 적이 없다는 점을 분명히 하면서 되도록 개입되지 않도록 노력한다. 하지만 박이 더 노골적으로 개인들에 대한 탄압을 할 시는 우리는 항의하게 될 것이다.

(5) 이와 관련하여 우리는 이미 우리가 더 이상 한국 내정의 방향을 결정할 수도 없고, 해서도 안 된다는 사실을 받아들이고 있다. 사실 이 같은 비관여(disengagement)의 과정은 점차 가속화될 것이다.

(6) 비관여는 매우 어려운 조정 과정을 거칠 것이다. 비관여 후에도 한국에는 우리에게 여전히 중요한 이익이 있다. 우리가 한국의 내정에 간섭한다는 함축을 피한다면, 한국이 더 이상 우리의 고객(client)이 아닐 때에도 우리는 우호적이고 성숙한 관계를 가질 가능성이 더 있다.

이같이 미국이 3선 개헌 이래 가졌던 비판적 평가와 유신에 대한 우려는 그 이후에도 내내 한미 관계를 긴장시키고, 박정희 정권에 대한 압력으로 작용했을 가능성이 높다. 미국은 이후 줄곧 비상한 관심을 갖고 한국의 국내 정치 상황을 주시하고 대응해 왔던 것으로 보인다[63]. 카터 시기 인권 외교를 둘러싼 한미 갈등도 사실은 새삼스러운 것이 아니고 그 이전부터 지속되어 온 현상으로 보는 것이 역사적 맥락에서도 정확해 보인다.

다른 한편, 미국 언론은 유신에 대하여 미국 행정부보다도 더 비판적인 입장을 가졌다. 유신 선포 다음 날 미 국무부 대변인의 기자 회견 내용도 한국 언론의 보도와 비교할 수 없을 정도로 강하고, 직설적 어조로 보도하였다. 『워싱턴포스트』는 "미 국무부 대변인이 박의 움직임에 대하여 미국의 불쾌함을 명확히 하였다."라는 점과 "철학적 문제로서 이 상황에 대하여 어떤 만족스러운 면도 찾기 쉽지 않다."라고 언급했다고 보도했다. 이어서 미국 관리의 말을 빌어서 "계엄령을 선포한 한국 대통령의 결정은 기본적으로 그의 권력을 강화하려는 야욕에 기인했다."[64]라고 평가하였다. 이후 유신 체제에 대한 비판적인 논평과 뉴스가 미국의

---

63 예를 들면 1973년 4월에 발생한 윤필용 사건에 대하여도 미국은 다각도로 정보를 수집하고 내부적으로 토론해 왔으며, 이에 대한 김대중의 해석에 관심을 보이기도 하였다. "Telegram from Marshall Green to Ambassador Porter" (April 6, 1973), POL 29 KOR S. 다른 한편, 한국 상공부가 미국 상품 대규모 구매 계획을 추진하자, 미국 정부는 한국이 미국의 대한 무역 수지 적자를 일부 보완하는 차원의 물품 구매가 아니라, 구조적으로 앞서 있는 일본의 한국에 대한 무역 흑자 구조와 한미 무역 관계를 근본적으로 시정하는 방향으로 구매와 개선이 이루어져야 한다며 한국 정부를 압박하였다. "Telegram from the Embassy in Seoul to the Secretary of State" (April 23, 1973), POL 7 KOR S, 008592.

64 "S. Korea Suspends Constitution," *The Washington Post,* Oct. 18, 1972.

주요 일간지에 연이어 보도되었다.

그레고리 헨더슨은 유신을 "민주주의에 대한 능멸"[65]이라고 규정하였다. 리처드 할로란(Richard Halloran)은 "이런 형태의 정부가 미국 국민이 전쟁에서 33,625명의 생명을 바치고 8.4빌리언 달러의 경제와 군사 원조를 제공하면서 지켜낸 댓가란 말인가?"라고 묻고, "박정희는 3선 개헌을 하지 않고 물러났다면 아시아 최고의 전통이 되었을 것이고, 한국에서 존경받는 원로 정치인이 되었을 것이다."[66]라고 평하였다. 다이앤 카셀베리(Diane Casselberry)는 라이샤워와 헨더슨의 견해를 인용하면서, "미국인들이 뭐? 우리가 또 다른 독재자를 지원하고 있는 거야?"[67]라고 반문할 것이라고 비판하였다. 그리고 미국의 언론은 "미국 정부가 갑자기 상상하는 것보다 약한 레버리지를 갖는 모습으로 비쳐졌다."라고 설명하고, "박이 미국이 가장 약한 순간에 일을 벌였다."라고 분석하였다. 이 기사는 "미국이 박 대통령이 하는 대로 두거나, 너무 당황하여 아무것도 할 수 없는 상황이다."라는 점도 추가하였다.[68]

여기에서 미국이 약한 순간에 놓여 있었다는 것은, 닉슨 독트린 이후 데탕트가 진전되는 상황에서 미국이 직접적인 관여를 줄이면서 아시아 지역에서 안정이 유지되기를 바라는 자세를 견지하고 있어,

---

65 Gregory Henderson, "South Korea: Witnessing the Rape of Democracy," *The New York Times,* November 8, 1972.

66 Richard Halloran, "President Park's South Korea," *The New York Times,* August 28, 1973.

67 Diane Casselberry, "Danger waits along path chosen by Park, Korea-watchers say," *The Christian Science Monitor,* December 21, 1972.

68 "Democracy Fades in S. Korea," *The Washington Post,* October 23, 1972.

그 추세를 반전시켜 직접적으로 개입하기 힘든 곤란한 국면에 처해 있었다는 뜻이다. 게다가 닉슨 행정부는 한국에서 독재가 등장함으로써 닉슨 행정부의 아시아 정책이 실패했다는 여론을 피하기 힘들어지는 것을 우려하였다. 이러한 맥락에서 미국은 직접적인 개입이나 제재는 가하지 않았지만, 유신에 대해 내부적으로 크게 불만이었고 비판적이었다고 할 수 있다.

5. 유신 체제 직후 야당의 와해와 김대중 회유

유신 이전부터 이미 야당인 신민당은 심각한 내홍을 겪고 있었다. 1971년 제8대 국회의원 선거 후보 등록 마감일인 5월 6일 신민당 대표 유진산이 자신의 지역구인 서울 영등포구 갑 지역구 출마를 포기하고, 갑자기 비례 대표 1번 후보로 등록함으로써 발생한 소위 진산 파동은 야당 분열의 서곡이었다. 박정희 대통령의 조카사위인 장덕진이 해당 지역구에 출마하자 유진산이 해당 지역구를 포기한 것으로 신민당 내에서 강한 반발이 일었고, 이로 인한 당내 갈등은 당권 경쟁과 분열로 이어졌다. 유진산계와 김홍일계로 나뉜 신민당은 1972년 9월 26일과 27일에 각각 전당대회도 따로 열었고, 김홍일계가 유진산에 대한 당 대표 직무 정지 가처분 신청을 제기하는 등, 당내분이 심화되어 사실상 분당 상태로 이어졌다.[69] 김대중은 양일동 등과 함께 김홍일계에 속해 김영삼, 이철승 등으로 구성된 유진산계와 대립했다. 그러던 중 갑작스런 10월 유신 선포로 국회가 해산되고, 정치 활동이 금지되었다. 박정희는 야당의 분열 상태를 활용하면서 유신 체제를 구축해 나갔던 것이다[70].

비상계엄과 유신 선포로 야당 의원들 다수가 중앙정보부 수사국 지하실에 연행되어 고초를 겪었다. 김대중계, 김영삼계 의원들과 비

69 미국은 유신 이후 한국 야당의 상황에 대하여도 계파별 동향 등을 자세히 관찰하고 분석하고 있었다. "Telegram from the Embassy in Seoul to the Secretary of State: State of the Political Opposition in Korea" (December 22, 1972), POL 12 KOR S, 071075.

70 김삼웅, 『박정희 평전』, 앤길, 2017, pp.261-262.

서들이 가장 많이 연행되어 고문을 당하기도 하였고, 가택 연금을 겪기도 하였다. 그중에서도 김대중계 의원들과 비서들, 김대중의 동생들은 더 힘든 고문과 회유, 그리고 협박의 대상이 되어 큰 고초를 겪었다. 김대중과 가까운 신민당 소장파 김상현, 조윤형, 김녹영, 김한수, 김경인, 박영록, 조연하 의원 등 11명은 영장도 없이 체포되었다. 김대중계의 권노갑,[71] 김옥두, 방대엽, 이수동, 이윤수, 한화갑 등과, 김영삼계의 최형우[72] 등은 수일간 '물고문'과 '통닭구이' 같은 반인륜적이고 치욕적인 고문을 견뎌 내야 했다. 중앙정보부는 김대중을 도운 사람을 찾아 보복하거나 약점을 찾아 조작하는 데 모든 폭력적 수단을 동원하였다. 비서들에게는 김대중과 관계를 끊으면 집을 사주거나 유학을 보내 주겠다는 회유도 집요할 정도로 계속하였다[73].

김대중이 망명 활동 중에 국내 상황을 알고 측근들과 연락을 유지할 수 있었던 중요한 통로의 하나는 이희호 여사와의 비밀 서신들이었다[74]. 유신 체제하에서 철저하게 감시되고 통제받고 있던 김대중의 동교동 집에 머물고 있던 이희호와 가족들도 비밀 메신저들의 도움으로 김대중 소식을 접할 수 있었다. 미국 'CBS' 방송의 한영도 기

---

71 권노갑·김창혁, 『권노갑 회고록 순명』, 동아E&D, 2014, pp.266-268.

72 최형우, "민주대장정, YS와 함께여서 행복," 『시사오늘』, 2023년 1월 28일.

73 김대중의 비서 엄영달에게 1967년경에 개인 비서로 모셨던 인연이 있는 김종필과 중앙정보부가 이제 유신으로 야당은 죽었으니, 정부 요직으로 옮기라며 회유하였다고 알려져 있다. "Telegram from rhe Embassy in Seoul to the Secretary of State: State of Political Opposition" (November 29, 1972), POL 15 KOR S, 021511.

74 이희호는 외국 기자들을 통해 1972년 12월 19일 처음으로 망명 중인 김대중에게 국내 정치 상황, 측근들의 상태, 그리고 가족의 생활과 안부를 담은 서신을 전하였다. 서신 내용은 이희호, 『옥중서신 2: 이희호가 김대중에게』, 시대의 창, 2009, pp.21-25.

자와 일본 'RKB 마이니치 방송' 미요시(三善英豪) 특파원은 둘 사이의 은밀한 메신저 역할을 자임했다. 중앙정보부의 감시가 삼엄하여 편지 교환과 전언도 마치 첩보 영화에 나온 것처럼 잘 들키지 않을 장소나 시간대를 선택하여 조심스럽게 이루어졌다. 편지가 발각될 것을 대비하여 편지 속 이름을 가명으로 쓰기도 하였고, 공중전화를 통한 통화에서도 가명과 암호를 사용하였다[75].

한편, 박정희 정부는 김대중의 해외 민주화 운동을 비판하면서 김대중이 귀국하도록 다양한 협박과 회유 작업을 진행하였다. 김대중 본인에게 직접하기도 하였고, 이희호에게 김대중을 귀국하도록 종용하라고 협박하기도 했다. 1973년 3월에는 박정희 대통령과 친밀한 일본 자민당의 후쿠다 다케오 의원이 박정희 대통령이 부통령을 제안할 의향이 있다며 김대중에게 타협할 의사가 없냐고 묻기도 하였다[76]. 김대중은 불쾌했지만 정중하게 거절했다고 회고하였다[77].

또한 사실상 유신 체제에 눌려 정상적인 활동을 포기하거나 얌전히 있던 일부 야당 의원들도 김대중의 망명 활동을 비판하는 대열

---

75 이희호, 『이희호 자서전 동행』, 웅진지식하우스, 2008, pp.130-131.

76 이 같은 제의가 얼마나 진지하게 박정희의 의사를 반영하여 오고 갔는지는 신뢰하기 힘들다. 박정희와 김대중 양측에 모두 관계를 유지하고 있는 동경한국연구원 최서면 원장에 의하면, 후쿠다 다케오가 처음 제안하고, 일본에 있던 최서면이 김대중도 만나 중국의 국공합작처럼 역사적인 타협을 해 하나된 한국을 만들어 보자고 의견을 타진한 것은 사실로 보인다. 이후 최서면은 한일의원연맹 간사장인 이병희 의원에게 후쿠다의 제안을 전했고, 이병희가 박정희에게도 전달하여 박정희가 몇몇 측근들과 협의하였으나 채택되지 않았다고 한다. 최서면, 『한일관계 막후 60년: 최서면에게 듣다 2』, 나남, 2020, pp.93-94.

77 김대중, 『김대중 자서전 1』, 도서출판 삼인, 2019, p.284.

에 참여하였다. 예를 들면 동경을 방문한 신민당 당수(黨首) 유진산은 1973년 7월 19일 오전 동경외신기자클럽에서 가진 회견에서 "김대중 씨가 해외에서 말이 많은 모양인데, 그러한 그의 거동에 대해 당으로서도 불유쾌하고 또 국민들로부터 의혹을 사고 있다. … 대통령 선거에 나섰던 사람이 귀국하지 않고 해외를 돌아다니는 행위는 민주주의 소생과 민권 투쟁에 도움이 되지 못한다."라고 비판하기도 하였다[78]. 신민당 내 다른 계파 의원이라 하더라도 당수가 같은 당의 대선 주자였던 김대중을 이처럼 비판하는 모습은 유진산 개인의 정치적 앙금뿐만 아니라, 유신 정권에 의한 야당 와해 및 회유 전략의 단면으로 보인다.

1973년 봄 즈음부터 김대중을 귀국시키기 위한 중앙정보부의 계획과 협박이 보다 구체적으로 진행되었다. 1973년 5월 초, 중앙정보부 제6국장 이용택은 이희호의 지인 김정례를 통하여 이희호에게 만나자고 접촉하였고, 이후 실제로 김정례 집에서 만났다. 이 자리에서 이용택 국장은 "김대중 씨가 외국에서 반정부 활동을 하는 것은 잘못이니 편지로 귀국토록 하세요."라고 귀국을 종용하였다. 이 만남에 대하여 김대중에게 보낸 1973년 5월 16일 서신[79]에서 이희호는 중앙정보부가 무슨 일을 할지 모르겠다고 우려하면서, 이용택 국장의 다음과 같은 협박 내용을 전했다. 즉 "귀국하면 생명이 위험하다는 둥 말하지만, 일본이나 미국에 있어도 만일에 자기들이 생명을 노린다 가정한다면 감쪽

---

78 『경향신문』, 1973년 7월 19일.

79 이희호, 『옥중서신 2: 이희호가 김대중에게』, 시대의 창, 2009, pp.72-74.

같이 없앨 수도 있다. 그러나 그런 것은 생각하고 있지 않기 때문에 대화를 통하여 해결하자."라는 것이었다. 이희호가 1973년 7월 3일 외국 기자를 통해 김대중에 전한 서신에는, 중앙정보부가 김대중을 북한과 연루시키려는 움직임이 있으니 더욱 조심하라는, 강원룡 목사의 전언이 담겨 있다[80]. 그후 납치 사건 발생 2, 3일 전 이용택 국장이 다시 연락하여 "여권 기한도 다 되었을텐데 귀국토록 권유하세요. 해외에서 반한 활동을 계속하면 위험이 생길 수도 있습니다."라고 다시 한번 협박하였다[81]. 유신 정권과 중앙정보부가 국내외에서 김대중과 이희호를 상대로 진행하였던 회유 및 협박의 과정을 돌이켜 보면, 1973년 8월 8일 동경에서 발생한 김대중 납치 사건의 전조들이 이미 상당히 오래전부터 나타났다고 할 수 있다. 김대중이 납치 과정에서 공작원들에게 들은 말이나, 김대중 납치 사건에 대한 다양한 진실 규명 작업에서 밝혀진 중앙정보부의 납치 명분의 일부도 위의 서신에 나타난 중앙정보부의 협박 논리와 거의 같은 것이었다.

이처럼 김대중은 유신 선포 직후 망명 생활에서 유신 정권의 다양한 협박과 회유, 그리고 해외에서의 외로움을 이겨 내면서 유신 반대 투쟁과 민주주의 회복 운동을 전개해야 했다. 당시 한국 내 언론에서는 언론 통제로 김대중이라는 이름이 완전히 사라졌다. 실제로 유신을 선포한 날로부터 1973년 8월 8일까지 한국 내 일간지에서 김대중의 이름이 실린 기사가 하나도 발견되지 않는다. 납치 사건이 세계적

80 이희호, 위의 책, p.98.

81 이희호, 『이희호 자서전 동행』, 웅진지식하우스, 2008, p.132.

인 뉴스가 되면서 납치 다음 날인 1973년 8월 9일에 국내에 처음으로 "김대중 씨 실종"이라는 기사가 나오기 시작하였던 것이다[82]. 다른 한편, 해외에서 그를 도와준 많은 조직과 인물들, 그리고 가족들이 그의 이 같은 힘든 투쟁을 가능하게 했지만, 김대중은 그의 개인적인 어려움을 온전히 혼자서 참아 내야 했다. 그가 남긴 몇 편의 시는 그가 망명 활동할 때 느낀 서러움과 현실에 대한 극복 의지를 동시에 보여 주고 있다. 김대중은 1973년 6월 12일 미국에서 지은 시 「국적있는 보헤미안」[83]에서 민중의 승리와 정의 그리고 양심의 소리가 자신을 이끌었다고 적었다. 1973년 6월 16일 달라스행 비행기 안에서 지은 시 「내 마음의 눈물」에서는 조국의 현실을 안타까워하면서 내 마음의 눈물이 그치지 않는다고 슬퍼하고 있다.

1.

내 마음의 눈물은 끝이 없구나
자유찾는 벗들의 신음소리가
남산과 서대문서 메아리치며
마산의 의거탑이 검은 보 쓰고
수유리의 영웅들이 통곡하는데
내 마음의 눈물이 어이 그치리

---

82 "김대중 씨 실종", 『조선일보』, 1973년 8월 9일, "동경서 김대중 씨 실종", 『매일경제』, 1973년 8월 9일 등.

83 3편의 시의 전문은 각각 『김대중 전집II 제7권』, 연세대학교 대학출판문화원, 2019, p.214, p.216, p.217에 실려 있다.

2.

내 마음의 눈물은 끝이 없구나

허기진 어린이가 교실에 차며

메마른 여공들이 피를 토하고

꽃같은 내 딸들의 육체를 탐내

외국 건달들이 떼지어 오는데

내 마음의 눈물이 어이 그치리

같은 날 지은 시 「세월이 오며는」에서 김대중은 생명이 몸부림치는 세월이 곧 올 것이고 그날 다시 보자고 읊조리며, 그의 역사 발전에 대한 믿음과 낙관적인 의지를 가다듬었다.

6. 맺음말

1차 망명기 김대중의 활동이나 한미 관계 등은 다른 시기에 비하여 그동안 별로 사실 확인과 연구가 이루어지지 않은 주제라 할 수 있다. 이 연구에서 1차 망명기 김대중의 활동과 한미 관계에 대한 새로운 사실들을 추적하면서, 필자는 유신 직후부터 시작된 1차 망명기 김대중의 활동을 통하여 박정희 정권 시기에 지속된 한미 관계의 원형이 이 시기에 형성되었고, 김대중의 민주화 운동에 대한 기본 인식과 전략도 이 시기에 보다 구체화되었다는 것을 발견할 수 있었다.

유신 선포 다음 날, 김대중이 동경에서 신속히 비판 성명을 내고 망명 투쟁을 결심할 수 있었던 데에는 박정희 정권에 대한 김대중의 정확한 인식과 전략, 그리고 역사 발전에 대한 믿음과 국민에 대한 책임감이 작용하였다는 점도 확인할 수 있었다. 당시 미국이나 일본에서 자신에 대한 인지도가 낮았음에도 불구하고 김대중은 치밀한 전략과 부지런함, 그리고 다양한 네트워크를 통하여 유신의 부당함을 알리고, 민주주의 회복을 위한 활동을 이어 나갔다. 그의 활동 내용과 생활 자세는 그 전부터 연마된 것이었고, 이후 그의 전 생애에서의 활동에도 그대로 이어졌다고 할 수 있을 것이다.

또한 이 시기 미국 국무성 자료와 한국의 외교 문서 등을 통하여 미국이 유신과 박정희 정권을 어떻게 인식하였고, 그들의 외교적인 대응과 실제적인 내부 전략 사이에는 어떤 간극이 있었는지를 확인할 수 있었다. 한편, 한국에 대한 관심이 적었던 미국의 여론 주도층과 미국인들에게 유신의 부당함을 알리는 데 있어서, 김대중은 망명 초기부터 유신을 한국의 개별적 사안이 아니라 미국의 아시아 정책 전반에 대한 실패의 상징임을 강조하였다. 이 논리는 미국의 언론과 주요 네트워크는 물론, 미 국무부 내부에서도 가장 심각하게 고민했던 점이기도 하였다.

향후 이어질 1982년 12월 말부터 시작된 제2차 망명 시기 김대중의 활동에 관한 연구에도 이 연구가 많은 시사점과 연구 쟁점을 제공해 줄 수 있기를 기대해 본다.

Ⅱ

정근주

김대중의 제1차 망명기 일본 활동의 의미 : 정계 및 언론계를 중심으로

1. 들어가는 말
2. 김대중 납치 사건 이전의 한국 및 김대중에 대한 인식
3. 일본에서의 인적 네트워크 형성
4. 언론을 통한 김대중의 활동 및 주장
5. 맺음말

김대중의 제1차 망명기 일본 활동의 의미 : 정계 및 언론계를 중심으로

정근주
호쿠세이가쿠엔대학교 교수

1. 들어가는 말

박정희 정부가 전국에 비상계엄을 선포하며 유신 정국이 시작된 1972년 10월 17일, 김대중은 신병 치료차 10월 11일부터 9일간 일정으로 일본에 체류 중이었다. 당일 후쿠다 다케오(福田赳夫) 자민당 의원과 고노 겐조(河野謙三) 참의원 의장을 만나고 돌아온 호텔에서 그 소식을 듣게 된다. 옆에서 뉴스를 같이 본 소학교 동창 김종충은 말을 걸기가 힘들 정도로 김대중은 긴장하고 있었다고 한다.[1] 같

1 每日新聞社編, 『金大中事件全貌』, 每日新聞社, 日本, 1978, p.64.

은 시기에 해외에 나와 있던 다른 국회의원들처럼 귀국할지 해외에 남을지 밤새 고민한 김대중은 망명[2] 투쟁을 하기로 결심하고, 바로 다음 날인 10월 18일 즉각 유신 반대 성명서를 발표한다. 비상계엄은 박정희 대통령의 영구 집권을 위한 반민주적 조치이며, 그 시도는 한국 국민의 손에 의해 반드시 실패할 거라는 경고가 담긴 성명서였다.[3] 이후 1973년 8월 8일, 도쿄에서 중앙정보부 주도하에 자신이 납치되는 사건이 발생할 때까지 미국과 일본을 왕래하며 반유신 운동 및 민주주의 회복을 위한 망명 생활을 본격적으로 하게 된다.

김대중은 10월 27일에 헌법 개정안이 공고되자 그 직후에 또 한 번의 성명서를 발표했다. 그 내용은 개헌안의 세 가지 문제점에 대한 지적이었다. 첫째, 직접 선거로는 승리할 가능성이 없어진 박정희의 안전한 당선을 노린 일종의 총통제 개헌이라는 점, 둘째, 민주주의의 생명인 의회 민주주의와 삼권 분립을 부정한 개헌이라는 점, 셋째, 통일을 위한 개헌이라는 명목하에 통일과는 아무런 관계도 없는 권력의 영속화와 강화를 위한 개헌이라는 점이다. 이와 동시에 "이러한 행위에 대해 계속 투쟁해 나갈 결의를 명백히 다짐"하겠다고 언급해 민주화를 위한 투쟁 의지를 강조했다.[4]

---

2 본고에서 사용되는 망명이라는 용어는 국제법상 의미와 일치하지 않는다. 일본 언론 등에서는 '실질적인 망명'이라고 표현하기도 했는데, 국내 언론과 정계에서 사용되기도 했던 '자발적인 망명'이라는 용어를 포함하여, 본서에서 서술한 류상영의 설명을 따르기로 한다.

3 김대중, 「계엄령에 대해」 (1972년 10월 18일), 『김대중 전집 II 제7권』, 연세대학교 대학출판문화원, 2019, p.1.

4 김대중, 「개헌에 대해」 (1972년 10월 27일), 위의 책, p.2.

주지하다시피 김대중 납치 사건은 당시 일본 사회에 큰 충격을 준 사건으로, 현대 한일 관계사 및 한일 연대 운동사에 있어서 중요한 전환점이 되는 의의를 갖는다. 사건 발생 전까지 김대중의 활동은 사건 발생 후 일본에서의 김대중에 대한 인식 및 한일 관계를 심층적으로 이해하는 데 의미가 있다. 본고에서는 김대중의 1차 망명 시기(1972년 10월~1973년 8월)에 일본에서 한국의 민주화 운동 및 김대중에 대한 일본 사회의 이해가 어떻게 이루어졌는지, 이를 지지한 그룹이 어떻게 형성됐는지 그 과정을 밝히고, 1차 망명기 일본 활동의 의미를 고찰해 보고자 한다. 이러한 고찰을 위하여 이 시기에 김대중이 특히 중점을 두고 전개했던 일본 정계와 언론계에서의 구체적인 활동 내용을 알아보고, 관련 담론 형성에 대한 내용 분석을 바탕으로 할 것이다.[5]

이 시기에 대한 관련 연구로는 주로 현대 한일 관계를 논할 때 부분적으로 언급되거나, 김대중 납치 사건 또는 '일한연대 운동'을 중심으로 한 분석에서 한정적으로 다루어졌는데,[6] 본고에서는 김대중의 제1차 망명기 활동 내용에 초점을 맞추어 김대중이 주력했던 정계 및 언론계 활동을 중심으로 분석하고자 한다. 자료로는 1차 망명 시기 김대중의 성명서, 연설 및 자서전 등의 저술, 일본 언론 잡지에서의 인터뷰 및 기사, 김대중을 도왔던 사람들과 나눈 서신들, 관련 인사들의 저술 및 구술 기록 등을 중심으로 다룰 것이다. 단, 한국 문

5 제1차 망명기의 재일 한인 사회 및 '한민통'에 대해서는 본서의 장신기 논문을 참조하기 바란다.

제 및 김대중에 대한 이해가 어떻게 이루어졌는지에 대한 고찰을 위해 납치 사건 이후에 발행된 관련 기록 및 저술, 일본 국회 회의록 등도 부분적으로 활용했다.

6 '일한연대' 그룹 및 '한민통' 등 당시 직접적으로 활동했던 관련 인사들의 기록이 포함된 연구서로 『김대중과 한일관계 - 민주주의와 평화의 한일현대사』 (류상영・와다 하루키・이토 나리히코 편저, 연세대학교출판문화원, 2012)가 있다. 특히 류상영은 「제2장 김대중의 일본에 대한 인식과 전략: 주요 저작과 어록을 통해 본 인식의 진화와 정치적 선택」에서, 1950년대 이후 김대중의 활동을 종합적으로 분석하고 있다. 李美淑의 『「日韓連帯運動」の時代 -1970 -1980年代のトランスナショナルな公共圏とメディア』 (東京大学出版会,日本, 2018)에서는 '일한연대운동'을 사례로 트랜스내셔널 공공권의 개념과 이론을 검증하고 있는데, 특히 이 시기 문헌에 대한 통계적 분석 및 일부 내용 분석이 이루어져 있다. 최근 연구로는 太田修(오타 오사무)의 논문 (「金大中拉致事件から始まった日韓連帯運動: 植民地支配の歴史の問い直し」, 『同志社コリア研究叢書』, 日本, 2021년 3월호) 에서 이 시기 몇몇 문헌의 내용을 '일한연대운동'에 초점을 맞추어 분석하고 있다 . 김대중 납치 사건의 의의와 '일한연대운동'을 분석한 필자의 두 논문에서, 이 시기에 대해 한정적으로 언급한 적이 있다. (鄭根珠, 「国交正常化以降の日韓関係 - 1973年金大中事件の意義」, 早稲田大学大学院アジア太平洋研究科修士論文, 日本, 2000. 鄭根珠, 「1970年代の日韓関係の表象 - 金大中拉致事件と日韓連帯運動を通して」, 『北星論集』, 日本, 2020년 3월호).

2. 김대중 납치 사건 이전의 한국 및 김대중에 대한 인식

1973년 8월 8일 발생한 김대중 납치 사건은 당시 일본 사회에 커다란 충격을 준 사건이었다. 관련 보도가 매일 신문의 1면을 차지했고, 각종 언론에서 사건에 대한 기사 및 글이 우후죽순처럼 다루어졌다. 그렇다면 납치 사건 이전에는 민주화 운동 상황을 비롯한 한국 문제 및 김대중에 대한 인식이 어떠했을까. 김대중을 '한국의 케네디(John. F. Kennedy)'[7]라고 소개하는 언론이 일부 있었지만, 어디까지나 소수였다. 그러나 그러한 인식은 비단 김대중에 국한된 것이 아니라 일본 사회의 한국 문제, 특히 민주화 운동 및 그 세력에 대한 인식 자체가 결여되어 있었다고 할 수 있다.

일본의 한국 인식 결여는 일반 시민뿐 아니라 진보 계열 지식인 층에 있어서도 "남쪽 정권은 미국의 괴뢰 정권이다."[8]라는 견해에서 알 수 있듯이 무관심한 편이었다. 그때까지 일본의 반정부파 그룹 전체에 있어서도 한국인에 대한 인식은 매우 미약했는데, 심지어 혁신계 지식인 및 사회당, 일본 공산당은 한국을 합법적 정부로 인정하지 않아 한국의 '한'에 괄호를 붙이거나 '남조선'이라고 부르고 있었다.[9] 대표적인 진보 지식인이자 베트

---

7 김대중, 「朴政権に'反逆'を宣言した金大中」, 『人と日本』, 日本, 1973년 1월 1일호, 『김대중 전집 II 제7권』, p.60. 「民主化こそ南北統一の前提」, 『週刊エコノミスト』, 日本, 1973년 2월 6일호, 『김대중 전집 II 제7권』, p.78.

8 清水知久, 「金大中事件以後十年をかえりみて ②—恥から誇りへの学校」, 『シアレヒム』, 1984년 8월호, 日本, p.18.

9 青地晨・和田春樹編, 「韓国の韓にカッコをつけることについて」, 『日韓連帯の思想と行動』, 現代評論社, 日本, 1977, p.301.

남 반전 운동에 관여했던 와다 하루키(和田春樹) 도쿄대학교 명예 교수는 김대중에 대한 당시 일본 시민 사회의 미약했던 인식에 대해, 납치 사건 소식을 처음 들었을 때 상황을 다음과 같이 전하며 증언하고 있다.

> 베트남전 반전 운동을 펼쳤던 일본 시민 단체 대표들이 하마마쓰초에 있는 일본 적십자 본사 앞에 모였었는데, 그곳에 요시자와 유이치 사무국장이 납치 소식을 알렸으나, (중략) 그때만 해도 그 자리에 모인 이들 중 김대중을 아는 사람은 별로 없었다. 한일 협정이 체결된 1965년으로부터 무려 8년이라는 시간이 흘렀는데도 일본인에게 한국은 여전히 미지의 나라였다. 자신들이 한국에 대해 아무것도 모른다는 사실 자체가 충격적이었다.[10]

김대중 납치 사건을 계기로 결성된 한국 민주화 운동 지지 그룹 중 하나인 '일한연대위원회'는 훗날 다음과 같이 고백한다.

> 그 사건이 발생했을 때 우리들은 일본과 조선의 역사에 대해 어느 정도 관점은 가지고 있었지만, 한국 상황과 일한 관계의 현실에 대해서 거의 아무것도 몰랐다. 사건에 대한 충격 이상으로 우리들에게 충격을 준 것은 우리들의 무관심과 그로부터 오는 무지였다.[11]

---

10 류상영·와다 하루키, 「지식인 및 시민들의 한일연대운동(1974-1978)」, 류상영·와다 하루키·이토 나리히코 편저, 『김대중과 한일관계』, 연세대학교출판문화원, 2012, p.209.

11 日韓連帯委員会, 「意見「金大中氏拉致事件十年をふりかえって」」, 『会報』(号外), 日本, 1983년 8월 1일호.

한편 매우 소수이기는 했지만, 일본의 진보적 문화·예술계에서 박정희 정권에 저항하는 한국인으로 먼저 인식했던 인물은, 1971년에 일본에 시집이 소개된 시인 김지하라 할 수 있다. 훗날 광주 민주화 운동과 일본군 '위안부' 문제 등을 테마로 예술 운동 활동을 한 화가 도미야마 다에코(富山妙子)는 김지하의 '오적' 사건을 계기로 한국을 처음 방문했고[12], 1972년 김지하가 장시 '비어'로 체포됐을 때에는 일본 지식인들이 그에 대한 지지를 표명하기도 했다. 이때 지지를 표명했던 인사 중에는 '베트남에 평화를! 시민 연합(베평련)' 대표 오다 마코토(小田実)가 있었는데,[13] '일한연대 연락회의'(후에 '일한연대위원회'로 개칭)가 베트남 반전 운동을 했던 활동가들이 다수 중심이 되어 결성된다. 1965년에 탄생한 베평련에 있어 1973년은, 베트남 전쟁에 반대하는 시민 운동 단체로서의 활동을 마무리 짓는 단계에 있었는데, 그 조직과 에너지가 '일한연대운동'으로 이어지게 된다.[14] 김지하의 시집은 주오코론사를 통해 일본에 소개되는데, 그의 작품집 출간을 담당했던 편집자 나카이 마리에(中井毬栄)는 김대중의 1차 망명 시기에 그와 인연을 맺게 된다.[15] 이후 김대중의 글이 잡

12 「도미야마 다에코 (富山妙子) 구술사 인터뷰」, 2009년 4월 19일, 연세대학교 김대중도서관.

13 와다 하루키, 앞의 글, p.219.

14 와다 하루키, 앞의 글, p.217. 당시 일본의 진보적 시민 운동 그룹은 1970년 미일안보조약 개정 반대 운동의 좌절 및 1972년 2월 '연합적군사건'의 영향으로, 와다에 의하면 "시민 운동에 대한 낙담과 절망"이 있던 시기였다. 시민 사회의 한국 문제에 대한 관심이 김대중 납치 사건을 계기로 확대된 것에는 이러한 시대적 배경도 있었다고 볼 수 있다.

15 「나카이 마리에가 김대중에게 보낸 서신」 (1972년 12월 7일, 연세대 김대중도서관)에는 김지하와 김대중의 인연에 대해 다음과 같이 언급하며, 『주오코론』 원고에 대한 사의를

지 『주오코론(中央公論)』에 게재된다.

이상과 같이 제1차 망명 시기까지 당시 일본 사회에서는 김대중이라는 인물에 대한 인식뿐만 아니라, 한국 문제 자체에 대한 인식이 상당히 결여되어 있었다는 것을 알 수 있다. 일본 정부는 박정희 정권과 '유착', '밀월'이라고 불리는 관계성을 가지고 있었고, 진보 계열의 지식인과 시민들은 '한국은 곧 박정희 정권'이라는 인식 속에서 한국에 대해 무관심에 가까운 상태로, 당면 사안인 베트남 반전 운동에 열심이었다. 김대중은 이러한 상황에 문제의식을 느끼고 무엇보다 한국 실정을 제대로 알리고자 정계 및 언론계 인사들을 적극적으로 만나며 망명 활동을 전개한다.

표하고 있다. "김지하 씨와의 인연으로 선생님과 친분을 맺게 되었는데, 정말 사람의 인연이나 만남은 신기하기만 하네요."

3. 일본에서의 인적 네트워크 형성

(1) 정계 네트워크

김대중은 한국에서 이미 대선 후보까지 했던 정치가였지만, 앞에서 살펴봤듯이 일본에서의 인지도는 매우 낮았다. 일본은 미국에 비해서 한국 문제 및 김대중 자신에 대해 알고자 하는 태도조차 소극적이었다. 따라서 한국의 야당 정치가로서 박정희 정권의 실태와 일본 정부의 한국 경제 원조 정책의 문제점을 효과적으로 설파하기 위해서는 정계 인사들과 교류할 필요가 있었다. 그는 짧은 기간 동안 우쓰노미야 도쿠마(宇都宮徳馬) 자민당 중의원 의원, 고노 요헤이(河野洋平) 자민당 중의원 의원, 기무라 다케오(木村武雄) 전 건설장관, 아카기 무네노리(赤城宗徳) 전 농림장관, 이시바시 마사시(石橋政嗣) 사회당 서기장, 덴 히데오(田英夫) 사회당 참의원 의원 등을 비롯하여 그 외에도 많은 정계 인사들을 적극적으로 만났다.

김대중은 이들과의 만남에서 독재 정권의 폐해와 이런 상황이 장차 한미일 3국의 공동 이익에 큰 해악이 될 것이라고 설파했는데, 이후 자서전에서 정계 인사들이 그런 이야기를 듣고 다음과 같이 놀라워 했다고 전한다. 기무라 다케오 전 건설장관은 "한국에 관심이 없었는데 이대로 그냥 뒤선 안 될 것 같습니다. 한국의 실정은 상상을 초월하는군요."라고 말했으며, 아카기 무네노리 전 농림장관은 "한일 회담 약속을 지키기 위해 우리는 심혈을 기울이는데 박 정권은 그렇지 않은 것 같습니다. 우리가 제공한 차관도 엉뚱한 곳에 쓰이는 것 같습니다."라고 말했다고 증언한다.[16] 이 말들에서 일본 정계의 한국에 대한 관심이 어느 정도인지도 엿볼 수 있다.

김대중이 만난 인사들 중에서도 주목할 만한 정계 인사는 우쓰노미야 자민당 의원이다. 우쓰노미야는 자민당 의원이지만 비둘기파에 속하며 진보적 성향을 가지고 있었고, 자민당의 아시아 아프리카 문제 연구회(이하, AA연구회) 책임자이기도 했다. AA연구회는 자민당의 공산권 외교 방면의 부족함을 보충하고자 모인 자유주의 정치가들의 집단을 표방하는 모임이다. 우쓰노미야와 김대중이 처음 만난 것은 1972년 11월 6일인데, 김대중을 취재한 적이 있는 한국계 일본인이자 『타임』지의 도쿄 지국장인 에스 창(S. Chang)이 그에게 우쓰노미야 의원을 소개했다.[17] 우쓰노미야는 김대중에게 보낸 서신에서 그의 첫인상에 대해 쓰면서, 김대중의 민주화에 대한 의지와 열망, 한일 교류에 대한 희망적 전망을 다음과 같이 서술한다.

> 제가 첫 대면에서 선생에게 감탄한 것은 이런 절망적인 상황 속에서도 선생이 자유와 민주주의에 대한 확신을 조금도 잃지 않고, 또한 한국민들의 능력과 가능성에 대해 절대적인 신뢰를 가지고 있다는 것이었습니다. 또 한국민을 신음케 하는 폭정과 부정부패에 순수한 분노를 품고 계신다는 것도 말입니다. 선생을 통해 한일 양국 간에 한치의 불순함도 없

16 김대중, 『김대중 자서전 Ⅰ』, 도서출판 삼인, 2010, p.293.

17 김대중, 위의 책, p.293.

는 심적 교류가 가능해질지도 모르겠다는 생각마저 했습니다.[18]

우쓰노미야의 주도로 김대중은 1973년 2월 7일 AA연구회에서 연설을 하게 되는데, 이 연설에 뒤에 서술할 각 언론지[19]를 통해 주장한 내용이 종합적으로 포함되어 있다. 그는 이 연설에서 아시아 지역에서의 '독재 정권의 도미노 현상' 및 그에 대한 미일의 대외 원조 정책 책임론과 함께, 10월 유신 이후의 헌법 개정 및 박정희의 국회 장악 상황, 야당 정치인에 대한 체포 및 압박, 언론의 어용화 등 독재 정치의 양상을 띠고 있는 현실, 박정희 정권의 한국적 민주주의에 대한 비판, 자신의 통일론 등에 대해 포괄적으로 설명했다. 또한 연설에서 자유에 대해서도 강조했는데, "아시아의 자유 국가는 자유가 없는 자유 세계"이며, 이런 상태가 "더 계속된다면 일본 혼자 남고 전부 공산화될지도 모릅니다."라고 경고하며, 일본 여당으로서 아시아에 대해 관심을 가져 달라고 호소했다.[20] AA연구회는 자유주의자적 측면에서 자민당 안에서도 비교적 김대중의 정치적 성향과 맞는 모임이었기 때문에, 김대중에게는 다수의 정계 인사들과 동시에 교류

18 宇都宮徳馬, 「金大中氏への手紙」 1973年8月28日, 『日本は新しい痣をつくるな』, 日新報道出版部, 1974, 日本, pp. 54-55.

19 정치 · 경제 · 사회 · 문화 전반에 걸친 평론, 에세이 등을 내용으로 한 월간지나 주간지를 가리키는 용어로, 일본에서는 주로 종합잡지(総合雑誌) 또는 언론지(言論誌)라고 표현하는데, 『세카이』, 『아사히 저널』 등이 이에 해당된다. 본고에서는 언론지라는 용어를 사용하기로 한다.

20 김대중, 「아시아-아프리카 문제연구회(AA)에서의 연설과 질의응답」, 『김대중 전집 II 제7권』, 연세대학교 대학출판문화원, 2019, p.113.

하며 자신의 사상 및 주장을 알리는 데 효과적인 공간이었다.

우쓰노미야는 김대중의 미국에서의 활동 및 지지자들과의 연결고리 역할을 하기도 했다. 1974년 1월에 개최 예정이었던 한반도 문제를 주제로 한 한미일 정치가 회의를 위해, 김대중은 캘리포니아 산타바바라에 있는 민주제도연구센터 관계자를 만나는데, 그를 소개한 것도 우쓰노미야였다.[21] 또한 김대중 납치 사건 직후 재미 한국인 대표로 안병국 목사가 워싱턴에서 일본을 방문했을 때, 에자키 마스미(江﨑真澄) 국가공안위원장 등, 일본 요직 인사들에게 전할 진정 내용에 관해서 도움을 주는 것을 포함하여 일본 정계에 있어서 미국 지지자들의 상담 역할을 하기도 했다.[22] 이러한 우쓰노미야와의 관계는 납치 사건이 발생한 이후에도 지속되는데, 그는 사건 직후 나돌던 '자작극'설[23]을 반박하며 김대중을 도쿄로 되돌려 놓는 '원상 회복론' 주장에 힘쓰기도 한다. 또한 후술하는 언론지 『세카이(世界)』에도 김대중에 관한 글을 다수 기고하고, 그와의 인연 및 일본의 한국 정책에 대한 문제점 등을 서술한 저서 『일본은 새로운 상처를 만들지 말라(日本は新しい痣をつくるな)』를 출간하는 등, 김대중을 통해 재인식하게 된 쟁점에 관해 담론 형성 주체로서의 역할도 적극적

---

21 宇都宮徳馬, 앞의 책, p.40.

22 위의 책, p.60.

23 이 사건을 김대중의 자작극으로 꾸미면 김대중이 임의로 출국한 것으로 간주되어 당시 이 사건을 비난하는 중심 논리 중 하나였던 '주권 침해'론이 힘을 얻지 못하게 된다. 우쓰노미야를 비롯한 김대중 지지 그룹은 "박정희 정권과 이에 동조하는 일본 측 인사들이 의도적으로 퍼뜨렸을 것"이라 보고 분개했다. 위의 책, p.324.

으로 전개한다. 우쓰노미야 의원과 김대중은 이후에도 서로 서신을 주고받으며 인연을 이어 간다.

훗날 관방장관으로서 '고노 담화(1993년)'를 발표하게 되는 고노 요헤이 자민당 중의원 의원과도 이 시기에 만나게 되는데, 김대중과 고노 요헤이의 이 첫 만남 역시 우쓰노미야 의원의 소개로 이루어진다.[24] AA연구회 멤버였던 고노 요헤이는 "한국의 젊은 정치인이 일본에 와 있으니까 다 함께 만나 보는 편이 좋겠다."라는 우쓰노미야의 소개로 1차 망명기 때 김대중과 만나게 된다. 그는 김대중의 첫인상에 대해 "이 상태로는 안 되며 무슨 수를 써서라도 민주화를 이루어야 한다고 끊임없이 강조하시던 것을 기억합니다."라며 김대중이 민주화에 대해서 대단한 열변을 토했다고 기억하고 있다. 다만, 고노 역시 박정희 체제의 민주화에 대한 대응 문제에 대해서는 실질적인 관심이 그다지 없었다고 한다. 한국은 일본에게 있어 "반공의 보루"이자, "반공의 동료"라는 당시의 일반적 인식을 공유하고 있었다.[25] 김대중에 대한 이미지로는 현실주의자적인 면모도 강했다고 언급하는데, "이렇게 하면 잘 될 것이라는 원칙론뿐만 아니라, 그 원칙을 구체적으로 실현하기 위한 현실적인 발상들도 잇따라 내놓으셨지요."[26]라고 증언한다. 이러한 김대중에 대한 인상에 대해서는, AA연구회 및 다수의 언론지를 통해 어떤 현상을 서술하고 설득하는 데 있어서 상세하게 설명하면서도 때로는 예시

24 류상영·와다 하루키, 「고노 요헤이 의장 인터뷰」, 류상영·와다 하루키·이토 나리히코 편저, 『김대중과 한일관계』, 연세대학교출판문화원, 2012, p.361.

25 「고노 요헤이 의장 인터뷰」, 위의 책, p.361.

26 「고노 요헤이 의장 인터뷰」, 위의 책, p.379.

를 드는 등, 구체적인 화법을 구사하는 김대중의 연설 및 인터뷰 내용 등에서도 엿볼 수 있다.

덴 히데오는 신문 기자 출신의 사회당 중의원 의원으로, 1971년경부터 김대중과 친분을 쌓은 정계 인사이다.[27] 1972년 11월 17일에는 잡지 『주간 포스트』에서 김대중과 대담을 하기도 했다. 「김대중 씨가 한국의 위기를 호소한다(金大中氏が韓国の危機を訴える)」라는 제목의 대담이었는데, 위기에 봉착한 한국 민주주의의 실정과 아시아적 관점에서의 일본에 대한 비판이 주요 내용이었다. 납치 사건 이후에도 "친구된 입장에서" 상황 파악을 위한 전화 통화를 수시로 하며 안부를 묻기도 했는데,[28] '김대중 씨 납치 사건 진상 조사 위원회'의 발기인 45명 가운데 중심인물 중 한 명이다. 이 위원회의 발기인에는 주로 자민당과 사회당 인사들이 참가했으며, 우쓰노미야 도쿠마, 고노 요헤이 등도 포함되었다.[29] 덴은 국회에서도 사건 규명에 대한 일본 정부의 미온적 대응을 비판하거나, 박정희 정권하의 탄압받은 한국 시민들의 존재를 강조했다.[30]

이처럼 김대중은 1차 망명기에 일본 의회의 여야를 가리지 않고

---

27 「덴 히데오(田英夫) 의원 인터뷰」, 위의 책, p.332.

28 「덴 히데오(田英夫) 의원 인터뷰」, 위의 책, p.335.

29 덴 히데오는 후일 인터뷰에서 당시 납치 사건의 진상 규명에 관여한다는 것에 대해 "한국 정부를 적으로 두는 꼴"이 되지만, 그런 위험을 무릅쓰고 구출 운동에 나선 것은 "인간 관계가 밑바탕에 깔려 있었기 때문일 거"라고 밝힌다. 이 문제에 대해 국회에서는 의견이 분열됐지만, 덴은 "인권이란 관점에서" "친구로서 김 선생을 도와야겠다."라는 생각이 작용했다고 증언하고 있다. 「덴 히데오(田英夫) 의원 인터뷰」, 위의 책, p.334.

30 『第71回参議院外務委員会会議録』 第27号, 1973年 9月 26日, p.5. 『第71回参議院外務委員会 (閉会後) 会議録』 第1号, 1973年 11月 8日, p.4.

정계 인사들과의 적극적인 교류를 지속하며, 한국 문제 및 민주화 세력에 대한 존재를 호소했다. 납치 사건 발생 직후부터 전개된 정계 인사들의 진상 규명 움직임이나 의회에서의 한국 문제 재인식에 관한 논의에서 알 수 있듯이, 김대중의 활동은 그들의 관심과 지지를 비교적 신속하게 이끌어 내는 요인이 되었다고 할 수 있다.

(2) 언론계 및 『세카이(世界)』 네트워크

김대중이 일본 망명 시기에 정계 인사들과의 교류 못지 않게 중요시했던 것은 언론계 활동 및 언론인들과의 교류이다. 김대중은 망명 시기에 많은 언론인들과의 만남을 가졌는데, 유신 공포가 있던 날 저녁에도 이시카와(石川昌) 『마이니치신문』 외신부 부부장과 만나고 있었다. 이시카와는 이날이 김대중과 처음 만난 날이었는데, 다른 한국 국회의원들의 모습과 대조적으로 매우 침착한 모습이 인상적이었다고 기억한다. 다음 날에 반대 성명을 발표하겠다는 김대중의 말을 듣고 "한국 정치가가 일본이나 미국을 무대로 정부 비판을 하면 외국 세력과 결탁했다고 매국노라는 비판을 받을 것이다.", "일본 언론을 사용하여 자국을 비난하는 것은 한국인으로서 이상한 일이라고 비난받을 것이다."라고 조언했다. 그러나 언론 통제라는 한국 현실하에 대선 후보로 지지를 받았던 입장으로서 자신의 입으로 발표할 의무가 있다고 말하며, "어떤 비난이 있어도 달게 받고 국민 목소리를 반영시키고 싶다."[31]라는 김대중의 의지를 듣게 된다. 이시카와는

31 每日新聞社編, 앞의 책, pp.67-68.

일본 체재 시간을 허투루 쓰면 안 되니 정치가로서 걸어온 길을 써 보라고 김대중에게 권하기도 했는데, 이때 집필한 책이 1973년 6월에 출판된 『독재와 나의 투쟁(独裁と私の闘争)』이다.[32] 이렇듯 언론인과의 교류 및 집필, 인터뷰 등은 언론의 자유가 속박된 한국의 현실 속에서 김대중에게 매우 중요한 망명 생활의 일부가 된다.

1차 망명기에 김대중은 『아사히신문』이나 『마이니치신문』 등 메이저 신문사 기자들뿐만 아니라, 『세카이』, 『아사히저널』, 『주오코론』, 『이코노미스트』 등, 당시 많은 독자층을 보유하고 있던 종합 언론지 관계자들과 교류를 갖고 집필 및 인터뷰에 응했다. 언론인으로서 김대중에 관한 기사를 일본 언론지에 처음으로 쓴 기자는 김대중의 망명 이전부터 교류가 있던 나가누마 세츠오(長沼節夫)이다. 그는 1971년 대선 유세 현장에서 김대중과 첫 만남을 가졌는데, 『석간후지』, 『이코노미스트』를 통해 당시 상황에 대해 소개했었다. 1차 망명기 때 김대중과 재회한 나가누마는 다수의 일본 언론계 인사 및 기자들을 소개해 주는 역할도 하게 된다. 납치 사건 및 '내란 음모 사건' 이후 일본 사회에서 전국적으로 일어난 김대중 구명 운동에 대해서 "우리들 세대에서 김대중 구출에 대해 무관심했던 사람은 없었고, (중략) 일본 국민이 역사상 외국인의 인권을 위해 전국이 하나 된 운동을 한 것은 그 이후에도 없었으며, 그때가 처음으로 한 경험이었습니다."라고 증언하고 있다.[33]

---

32 위의 책, pp.68-69.

33 「나가누마 세츠오 (長沼節夫) 구술사 인터뷰 제1차」, 2006년 8월 25일, 연세대학교 김

주목할 만한 것은 『세카이』를 중심으로 한 네트워크라 할 수 있다. 한반도 문제에 관심이 많았던 야스에 료스케가 1972년 7월에 편집장으로 취임한 후, 집필자 및 정보 제공자로서 일본 기독교인 그룹, 지식인, 재일 한인, 언론인 등이 『세카이』를 중심으로 서서히 모여들고 있었다. 야스에는 김대중에 대해 전략적이자 현실적 정치 수완을 가진 정치가라는 인식을 갖고 있었는데, 김대중이 일본 망명 생활 중에 언론인 및 정계 인사들과의 만남을 중점적으로 가진 이유도, 그들이 자신에 대해 잘 모르고 있었기 때문에 교류를 돈독히 하자는 게 최우선 목표였을 것이라고 분석하고 있다.[34]

이후 『세카이』는 한국 문제 및 민주화 운동, 김대중 관련 사건 등에 있어서 일본 사회의 가장 중요한 정보 공급 및 담론 공간으로서의 역할을 담당하게 된다. 1973년 5월호에서는 처음으로 「한국의 현재 상황을 우려한다」라는 타이틀로 한국 특집이 기획되었는데, 우쓰노미야 자민당 의원의 글 「한국의 현재 상황과 일본의 조선 정책」, 김순일이라는 가명으로 응한 지명관의 인터뷰 기사 「군정에서 파시즘으로 - 박 정권 12년의 궤적을 말하다」 등이 게재됐다. 7월 18일, 야스에는 훗날 유명해지는 한 인터뷰를 진행하게 되는데, 「한국 민주화로의 길 - 박 정권의 모순은 확대되고 있다 -」라는 타이틀로 게재되는 김대중과의 인터뷰가 그것이다. 이 기사는 9월호에 21쪽에 달하는 분량으로 게재되는데, 서점에 진열된 날이 우연히도 김대중이 납치된 8월 8일이었

대중도서관.

34 毎日新聞社編, 앞의 책, p.89.

다. 당시 『세카이』는 종합 언론지 중에서도 진보적 지식인·시민들에게 상당한 영향력을 가지고 있었기 때문에, 이 인터뷰 기사는 일부 관심층 이외에는 김대중에 대해 거의 몰랐던 당시 일본의 일반 시민들이 김대중의 사상 및 주장을 처음으로 접한 계기가 되기도 했다.

『세카이』에서 또 다른 주요 역할을 담당한 일본 기독교인 그룹은 이미 1960년대부터 한일 조약 체결 반대, 재일 한국·조선인 차별 문제 등 한반도 문제와 관련하여 한일 기독교 단체와 연대 활동을 해오고 있었다. 훗날 김대중 구명 운동 활동을 하게 되는 일본기독교협의회(NCC) 총 간사 나카지마 마사아키(中嶋正昭) 목사와 쇼지 쓰토무(東海林勤) 목사가 김대중을 처음 만난 것은 1973년 2월이었다. 그들은 다른 기독교인들과 함께 니시와세다에 있는 일본기독교회관에서 김대중과 만나 그의 강연을 듣게 된다. 그리고 그 모임에서 한국의 현실과 투쟁에 대해 열변을 토하는 김대중의 모습에서, "역사적인 통찰력과 흔들림 없는 신앙에서 오는 투철한 사명감에 깊은 감명을 받았다."[35]라고 그날의 감동을 전하였다. 일본 기독교인 그룹은, 한국기독교교회협의회 등과의 연대 활동과 당시 도쿄에 체재하고 있던 지명관, 오재식, 강문규 등의 한국 기독교인들의 존재로 인해 한국에 관한 정보를 다른 조직보다 빨리 입수할 수 있었다. 이들 일본 기독교인 그룹은 김대중 납치 사건이 발생한 후 '일한연대' 그룹과도 연대하게 되는데, 한국 민주화 운동 지지 활동에 있어서 '정보

---

35 쇼지 쓰토무, 「제5장 한일기독교인 연대운동」, 『김대중과 한일관계』, 연세대학교출판문화원, 2012, p.175.

센터'로서의 중요한 역할을 수행하게 된다.

지명관 『사상계』 전 편집 주간은 10월 유신 이후 일본으로 건너가 도쿄를 거점으로 활동하고 있던 기독교인 네트워크에 합세했는데, 마침 야스에 편집장과 가까운 사이이기도 했다.[36] 지명관이 김대중과 처음 만난 것은 1973년 1월경 도쿄에서였는데, 그 또한 야스에 료스케의 소개에 의한 것이었다.[37] 기독교인 네트워크의 정보력을 바탕으로 지명관이 'TK生'이라는 필명으로 작성한 「한국으로부터의 통신」은 1973년 5월부터 1988년 3월까지, 무려 약 15년에 걸쳐 『세카이』에 연재된다. 「한국으로부터의 통신」은 주로 한국 정세 및 민주화 운동 세력의 상황을 알리며 한일 연대를 호소하는 내용으로, 당시 일본 지식인 및 시민들이 한국 상황을 접하는 주요 창구와 같은 역할을 하게 된다.[38] 이 시기 『세카이』에는 기독교 단체 및 신쿄출판사(新教出版社)의 『복음과 세계(福音と世界)』를 중심으로 한 일본 내 기독

---

36 와다 하루키, 「지식인 및 시민들의 한일연대운동(1974-1978)」, 류상영·와다 하루키·이토 나리히코 편저, 『김대중과 한일관계』, 연세대학교출판문화원, 2012, p.207.

37 池明観, 「金大中氏を想う - 安江良介氏との関りを中心に」, 『世界』, 日本, 2009年 10月号, p.75.

38 「한국으로부터의 통신」은 '일한연대' 그룹의 다음과 같은 증언에서도 알 수 있듯이, 한국 및 민주화 세력에 대한 지지와 연대의 흐름을 형성하는 데 중요한 역할을 했다. 시미즈 도모히사는 민주화 세력에 대해 "많은 사람들은 탄압받고 있으나, 그들은 희망을 갖고 내일이 올 것을 믿으며, 투쟁하면서 힘내고 있다."라고 증언한다. 「清水智久(시미즈 도모히사) 인터뷰」, 1999년 8월 5일, 정근주, 앞의 논문 (2000), p.37에서 재인용. 또한 와다 하루키는 「한국으로부터의 통신」을 읽은 일본인들은 "한국에 대해 더 알고 싶고, 공부하고 싶다는 생각이 들게 됐다."라고 한다. 「和田春樹(와다 하루키) 인터뷰」, 1999년 10월 8일, 정근주, 앞의 논문 (2000), p.37에서 재인용. 한편, 한상일의 비판처럼 "부정적인 한국" 이미지를 심어 줬다는 평가도 존재한다. 한상일, 「진보적 일본 지식인의 한국관」, 『일본평론』, 1990년 가을호, p.351.

교인 그룹의 지원이 결집하고 있었다.[39]

재일 한인 평론가 정경모 역시 한반도 문제에 관한 『세카이』 집필자 중의 한 명이다. 정경모는 1973년 1월경에 도쿄에서 김대중과 처음 만났는데[40], 후에 한민통 기관지 『민족시보』의 주필을 맡게 된다. 야스에는 정경모에게 하고 싶은 말이 있다면 언제든지 『세카이』에 쓰라고 했는데[41], 김대중·야스에의 인터뷰 기사가 실렸던 9월호에 정경모가 쓴 「한국 제2의 해방과 일본의 민주화」도 함께 실리게 된다. 그는 이후에도 『세카이』의 김대중 납치 사건 특집 기사에 우쓰노미야 등과 함께 기고하는 등, 김대중 및 한국 문제 관련 글을 다수 집필한다.

『세카이』에는 외부 언론사 기자가 한국 문제 관련 집필에 참가하기도 했다. 그중 한 명인 미야타 히로토(宮田浩人)는 『아사히신문』 기자였는데, 김대중과는 1971년 10월 재일 한인 활동가 배동호(훗날 한민통 일본본부 의장)의 소개로 처음 만나게 된다. 미야타는 친분이 있던 야스에의 요청으로 『세카이』에 「다큐멘터리 김대중 납치 사건」이라는 타이틀로, 1973년 11월부터 1980년 2월까지 일지 및 해설로 구성된 연재 기사를 작성한다.[42]

그 밖에 이마즈 히로시(今津弘) 『아사히신문』 논설위원도 이 시기

---

39 池明観, 앞의 글, 『世界』, 2009年 10月号, p.76.

40 정경모와 김대중의 첫 만남과 관련된 내용은 이 책의 장신기 논문 참조.

41 정경모, 『정경모 자서전 시대의 불침번』, 한겨레출판, 2010, p.210.

42 「미야타 히로토(宮田浩人) 구술사 인터뷰」, 2006년 1월 21일, 연세대학교 김대중도서관.

에 김대중과 인연을 맺은 언론인이다. 이마즈가 김대중과 처음 만난 것은 1972년 11월, 『아사히신문』 논설위원들을 상대로 민주화론에 대한 김대중의 이야기를 듣는 자리가 계기였다. 이마즈는 김대중의 첫인상에 대해 다음과 같이 회상한다.

> 이런 정치가가 요즘 같은 시대에도 있다는 것에 놀랐다. 어떤 현상에 대한 판단에 있어 옳고 그름이 분명하다. 극한의 상황에 자신을 몰아넣고 배수의 진을 쳐서 권력과 싸우려 한다. 세상이 물질과 돈 같은 것들에게 끌려다닐 것 같은 불안함을 느끼기 시작하던 시절이었다. 그때 등장한 김대중 씨는 이제는 소멸되려고 하던 정치가의 외곬수라든가 헌신, 사명감이라는 말을 우리들에게 상기시켰다.[43]

이마즈의 말은 당시 일본의 언론인들이 김대중에 대해 어떤 인상을 갖게 됐는지 엿볼 수 있는 증언이라고 할 수 있다. 이마즈는 『아사히 저널』 1973년 2월 2일호에서 김대중의 인터뷰를 담당하게 되고, 그 내용은 「민중은 침묵하지 않는다」라는 제목으로 게재된다. 또한 이마즈 역시 『세카이』 집필자의 한 사람이기도 했는데, 납치 사건 발발 후에 발행된 11월호에 「일본 외교의 체질과 궤적-김대중 씨 사건을 통해 보다」라는 글을 썼다.

이와 같이 제1차 망명기에 김대중은 주로 진보 계열 종합 언론지

43 今津弘, 『ジャーナリスト その優しさと勁さ』, スリーエーネットワーク, 日本, 1998年, pp.92-98.

및 신문사 등의 언론계 인사들과 교류하면서 기고 및 인터뷰에 적극적으로 응한다. 망명 이전부터 알고 있던 소수의 기자를 제외하면 일본 언론계에서도 김대중의 인지도는 여전히 낮은 상태였는데, 그의 처지와 사상에 공감한 언론 관계자들은 그에게 주장을 펼칠 수 있는 공간을 제공했다. 또한 이 시기는 우쓰노미야 등의 정계 인사, 기독교 그룹, 진보적 지식인, 재일 한인, 언론인 등이 『세카이』를 구심점 삼아 결집하는 단계였다고도 할 수 있다. 앞에서 언급했듯이 일본의 진보적 지식인 및 시민들의 관심은 여전히 베트남 전쟁에 쏠려 있었고, 일반 시민들은 한국 문제에 대해서는 무관심에 가까웠다. 그러나 이 시기에 응집된 에너지는 납치 사건 이후 김대중과 한국 문제에 대해 센세이셔널하다고 표현될 정도의 보도 형태를 보이며, 일본의 모든 언론에서 폭발적으로 표출되었다.

4. 언론을 통한 김대중의 활동 및 주장

앞에서 언급했듯이, 유신 공포 직후인 10월 18일에 발표한 항의 성명서를 시작으로 김대중은 다수의 언론지 및 외신기자클럽에서의 연설 등을 통해 자신의 주장을 펼쳤다. 그중 특히 『세카이』, 『주오코론』, 『아사히저널』과 같은 종합 언론지는 당시 많은 지식인과 일반 시민들이 접하는 담론 공간으로서 매우 영향력 있는 매체였다. 다수의 김대중 관련 글들이 잡지들에서 비중 있게 게재되었는데, 이 글들은 김대중이 당시 그의 사상 및 한국 상황 등에 대해 일본 사회에 어떻게 설명하고 설득했는지, 나아가 일본 시민 사회가 한국 및 김대중에 대해 어떻게 인식하고 대응하게 되는지 고찰하는 데 있어서 의미 있는 분석 자료라 할 수 있다. 여기에서는 김대중이 1차 망명기에 활동한 언론지의 관련 문헌들을 통해 어떤 주장을 펼쳤는지, 그 내용을 구체적으로 살펴보고자 한다.

(1) 망명 투쟁의 이유 및 유신 체재에 대한 반박

유신 선포 직후부터 김대중이 언론지를 통해 중점적으로 설명한 것은 망명 투쟁의 이유 및 10월 유신에 대한 반박과 비판이었다. 비상계엄령 선포 이후 언론지와의 첫 인터뷰 기사가 실린 것은 『주간아사히』(1972년 11월 3일호)였는데, 실제로 인터뷰가 이루어진 시기는 헌법 개정안 공포 전이었다. 여기에서 김대중은 “만약 내가 체포되거나 또는 가족들에게 불행한 일이 생기더라도, 이번 기회에 한국의 3300만 국민을 위해 반드시 말해야 한다. 역사는 희생을 통해 발전해 나간다."라는 말로 망명 투쟁에 대한 굳은 결의를 표현하고 있다. 11월 10일 일본 외신기자클럽에서의 연설에서도 "자유를 위한 투쟁의 선봉에 서겠다."라는 결의를 표하며 지원을 호소하고 있다.[44]

김대중이 해외 망명 의지를 표명한 배경에 대해서는 다음 네 가지로 요약할 수 있다. 첫째, 다음 발언에서 알 수 있듯이 1971년 대선 경험으로부터 나온 책임감이다. "신변의 안전만을 생각하는 것은 지난해 대통령 선거에서 나에게 투표해 준 540만 명의 사람들을 배신하는 것이다. 나의 표는 박정희 대통령의 부정표를 계산하지 않더라도 총 투표수의 46퍼센트에 달한다. 그 책임은 크다." [45] 둘째, 당시 한국의 언론 통제 현실이다. 그는 일본의 언론 인터뷰에 응하는 이유에 대해 "지금 한국은 독재 탄압 상태인지라 언론의 자유가 전혀 없다. 그렇기 때문에 말할 수 있는 위치에 있는 내가 말하지 않는다면 나의 의무를 포기하는 것이다."[46] 라고 설명하고 있다. 셋째, 유신 선포로 인해 생길 수 있는 정권 교체에 대한 한국 국민의 심리적 위축감을 경계하고 있다. 그는 "국민들의 목표가 사라지는 것이 무섭습니다. 국민들의 마음을 마치 무덤 속의 침묵이 지배해 버리지나 않을

---

44 김대중, 「일본 외신기자클럽에서의 연설」, 1972년 11월 10일, 『김대중 전집 II 제7권』, 연세대학교 대학출판문화원, 2019, p.12.

45 김대중, 「韓国戒嚴令に直言する前大統領候補 · 金大中氏の悲痛な叫び」, (『週刊朝日』, 일본, 1972년 11월 3일호), 『김대중 전집 II 제7권』, 연세대학교 대학출판문화원, 2019, p.3.

46 김대중, 「私は韓国の'戒厳令'を怒る」,(『サンデー毎日』, 일본, 1972년 11월 5일호), 『김대중 전집 II 제7권』, 연세대학교 대학출판문화원, 2019, p.6.

까 두렵습니다."라며 다음 대통령 선거에서 정권을 바꿀 수 있다는 희망을 갖고 있었는데 유신 조치로 불가능해진다면 허무감에 빠질 수밖에 없다는 두려움을 나타내고 있다.[47] 넷째, 국제 사회를 향해 이러한 한국의 현실을 알리고 민주화 세력에 대한 지원 및 지지를 호소하기 위해서이다. 김대중은 미국에서 활동하는 이유에 대하여, 구체적인 원조나 내정 간섭을 바라는 것이 아니라 "모럴 서포트(moral support) 해 주기를 열망할 뿐"이며, "현재 미국 일부에 퍼지고 있는 잘못된 생각을 지적함과 동시에, 서로의 책임의 한계를 분명히 하기 위해서"라고 밝히고 있다.[48] 그는 또한 일본 사회를 향해서도 언론을 통해 관심과 지지를 다음과 같이 호소하고 있다.

> 이웃 나라에서 이 정도로 국민이 고통을 당하고 있다는 것에 일본의 여러분이 눈을 돌려 모럴 서포트(moral support)를 해 주었으면 합니다. 한편 한국 국민이 자기 운명을 자기 자유에 의해서 결정할 수 있도록 적어도 방해만은 하지 말았으면 합니다. 국민을 괴롭히는 독재 정권과 한패가 되어 한국 국민으로부터 원망을 듣는 일만은 일본이 안 했으면 합니다. 이것이 나와 민주주의를 원하는 모든 한국 국민의 일본에 대한 절실한 요망이라는 것을 말씀드리고 싶습니다.[49]

---

47 위의 글, p.8.

48 金大中・安江良介, 「韓国民主化への道」, 『世界』, 日本, 1973年 9月号, p.112.

49 위의 글, p.118.

김대중은 자유롭게 의견 개진이 안 되는 한국의 상황 속에서, 대선에서 확인한 지지자들의 존재로부터 책임감을 느끼고 박정희 정권에 반대하는 한국 국민의 목소리를 국내외적으로 대변함으로써 국제 사회로부터 지지받고자 했다. 그런 이유로 가장 먼저 유신 조치에 대해 항의 성명을 발표하고, 일본 외신기자클럽에서의 연설도 수락하는 등, 망명 초기부터 신속하게 대응하는 태도를 보였다고 할 수 있다.

한편 그는 망명 투쟁을 끝낸 후의 계획에 대해서도 밝히고 있는데, "할 수 있는 것을 다한 후에 나는 조국에 돌아갈 것이다."라고 말하며, 한국으로 귀국할 의사를 다음과 같이 설명하고 있다.

> 나는 몸의 안전이나 위험이라는 기준으로 나의 태도를 정하지 않는다. 조국에 돌아간다는 것은, 나는 솔직히 말하자면 돌아가고 싶으니까 돌아가는 것이다. 외국에서 할 수 있는 것들을 다한다면 더 이상 외국에 있을 이유가 없지 않은가."[50]

김대중은 유신 체재에 대한 반박과 비판에 있어서, 그 부당성에 대해 다수의 매체에서 인터뷰에 응하고 연설했다. 그중 구체적인 내용으로 반박한 첫 연설은 11월 10일 일본 외신기자클럽에서의 연설이다. 그 내용은 그대로 잡지 『세카이』 1973년 1월호에 「분노하는 심정

50 11월 13일에 미국으로 떠나기 전의 인터뷰 내용이다. 김대중, 「朴政権に'反逆'を宣言した金大中」, 앞의 잡지, 『김대중 전집 II 제7권』, 연세대학교 대학출판문화원, 2019, p.65.

으로 한국의 현실을 고발한다」라는 제목으로 게재되기도 했다. 김대중은 이 연설에서 유신 공포에 대한 분노를 표출함과 동시에, 박정희가 유신 조치를 강행하는 명목으로 제시하고 있는 주장에 대해 "전부 허구로 가득 찬 변명"에 지나지 않는다며, 세 가지 이유를 들어 조목조목 반론을 제기했다.

먼저 남북 통일의 태세 정비를 위해 유신 조치가 필요하다는 주장에 대한 의문 제기이다. 대선 기간 중에 김대중 자신이 숱하게 '빨갱이'라는 공격을 박정희로부터 받았으나 굴하지 않고 남북 화해와 교류를 주장했다는 점을 강조하며, 남북 공동 성명에 대해서도 누구보다 빨리 자신이 지지 성명을 발표했고, 국민들과 각 언론 매체들도 거국적으로 지지하고 있으므로 별다른 태세 정비가 필요없다는 것이다. 두 번째로 강대국 간의 긴장 완화가 한국의 안전을 위협한다는 주장에 대해서는 오히려 미중 접촉과 중일 국교 정상화가 아시아 긴장 완화에 커다란 영향을 미쳤다고 반박한다. 그 근거로 박정희 정권도 1972년 4월에 열린 ASPAC(Asian and Pacific Council) 회의에 참가해 미중 접촉의 공적을 칭찬한 점, 이후 중국을 적성 국가 리스트에서 삭제한 점, 중국 및 소련과 국교를 정상화해야 한다는 정부 발표를 한 점을 예로 들었다. 강대국들 간의 접촉이 한국을 위협하는 것이 아니라, 한국의 안전에 공헌하고 있다는 것을 입증하고 있다는 설명이다. 세 번째로 선진국의 민주주의가 한국의 실정과 맞지 않기 때문에 한국적 민주주의를 새롭게 만들기 위해서라는 박 대통령의 주장에 대해서는 "독재자들이 상습적으로 쓰는 말"이라고 강하게 비판했다. 이미 12년간 강권 통치를 국민들에게 강요한 박 대통령이 이런 주장을 할 자격이 있느냐고 반문하며, 이번 조치의 진짜 목적은 독재 강화 및 영구 집권이라고 강조했다. 합법적 수단을 이용한 개헌이 불가능한 상황에서 "국회라는 장애물과 국민의 반발을 강제로 억누르기 위해 국회 해산과 계엄령 선포라는 폭거에 나선 것"이라고 설명했다.[51]

이상과 같이 김대중은 망명 투쟁에 대한 이유와 의지 표명, 유신체재에 대한 비판에 있어서 자칫 감정적으로 호소할 수 있는 부분에 대해 구체적인 예와 근거를 제시하는 화법으로 설명했다. 그 결과 일본 독자들에게 그의 주장이 보다 설득력 있게 받아들여졌을 것이라고 생각한다.

(2) 한국 민주주의 정착의 문제점: 국내적 요인

한국이 민주화를 이루지 못하고 있는 국내적 요인에 대해 김대중은 두 가지 원인을 들고 있는데, 한국 민주주의의 비자주성과 자기중심적인 지도자가 그것이다. 먼저 한국의 민주주의는 국민의 자력으로 취득한 것이 아니어서 그 수호 의식이 부족하다고 설명한다. 연합국의 승리에 의해 "증여된 민주주의와 해방"으로 "민주주의를 지켜가는 주체 세력과 국민의 자각 의식이 부족"하다고 지적하고 있다.

둘째, 민주주의적 국가 지도자의 부재에 대한 문제점이다. 김대중은 민주주의의 성립에는 뛰어난 리더십이 필요한데, 이승만과 박정희는

51 김대중, 「일본 외신기자클럽에서의 연설」, 『김대중 전집 II 제7권』, 연세대학교 대학출판문화원, 2019, pp.11-12.

모두 국민의 의사를 존중한다는 민주주의적인 생각을 가지고 있지 않은 "자기중심적인 지도자"라고 규정했다. 특히 박정희 정권에 대해서는 "군대식 사고방식과 개인의 집권 욕망"이 덧붙여진 군사 독재 정권이며, "정보 정권"이자 "변신이 재빠른, 무원칙을 원칙으로 하는 정권"이라고 설명한다.[52] 동시에 이러한 박정희 정권을 지원하고 있는 일본의 경제 원조를 강하게 비판하고 있다. 또한 AA연구회 연설에서도 박정희에 대해 "이전의 이승만 대통령과 달리 권력이나 돈, 무기, 정보기관 등을 이용해서 정권을 유지해 나가는 재주가 상당히 뛰어납니다."[53] 라고 말하며, 박정희의 정권 장악 능력이 독재자로서의 위험성을 가중시키고 있다는 점에 대하여 강조하고 있다.

한편, 박정희에 관한 이야기를 할 때 이승만과 비교 설명하는 경우가 종종 있는데, 둘 다 "자기중심적인 지도자"로 규정하면서도 이승만에 대해서는 비판의 강도가 비교적 약한 편이었다. 국민과 동떨어진 생각을 가진 지도자였고 극단적인 부정 선거와 반민주적인 정치를 하긴 했으나, 언론의 자유는 상당히 보장되었고 국회도 어느 정도는 활발하게 활동하고 있었기 때문에, 박정희에 비한다면 독재자라기보다는 카리스마적인 지도자였다는 견해를 밝히고 있다.[54] AA연구회에서도 이승만이 독립운동가 출신이라는 점에서 다음과 같이 긍정적인 부분도 함께 언급하고 있다.

---

52 金大中・安江良介, 「韓国民主化への道」, 『世界』, 日本, 1973年 9月号, pp.104-109.

53 김대중, 「아시아 - 아프리카 문제 연구회에서의 연설과 질의응답」, 『김대중 전집 II 제7권』, 연세대학교 대학출판문화원, 2019, p.101.

54 金大中・安江良介, 앞의 글, p.105.

> 이승만 대통령이라는 분은 (중략) 여러분들은 잘 이해하지 못하겠지만, 우리나라 국민들의 눈에는 참으로 훌륭한 분입니다. 조선 왕조 말기부터 조선의 독립운동을 하였고, 일제 시대 36년 동안 줄곧 독립운동을 하신 분으로, 저희들에게는 아주 큰할아버지와도 같으며 상당한 권위를 지닌 분입니다. 그분조차 독재를 단행했을 때에는 국민이 들고 일어나 그를 타도한 것입니다.[55]

이러한 언급은 김대중의 민족주의자적 면모가 엿보이는 부분이라고도 할 수 있다. 전후 일본에서 이승만은 강경한 반일주의적 정권으로 인식하고 있었다. 김대중의 "여러분은 잘 이해하지 못하겠지만"이라는 말에서도 알 수 있듯이 일본 정부와 밀월 관계라 불리웠던 박정희 정권에는 투쟁하고, 일본과 비우호적이었던 이승만에 대해서는 부분적이기는 하나 긍정적인 인식을 일부러 언급하는 야당 정치인에 대해 일본 사회는 복잡한 심정이었을 것이다.

김대중이 박정희 정권의 정책에 대해 비난 일변도이기만 했던 것은 아니다. 통일 문제에 있어서 정권 유지를 위해 국민의 열망을 악용하고 있다고 비난하고 있으나, 7·4 남북 성명에 대해서는 어떤 의도에서 나온 것이라 하더라도 역사적 의의가 크며, 그 내용도 김대중 본인이 생각하고 있었던 것보다 훨씬 발전되어 있다고 평가했다. 그

---

55 김대중, 「아시아 - 아프리카 문제 연구회에서의 연설과 질의응답」, 앞의 책, p.102.

러나 국민이 통일을 열망하는 분위기를 이용해서 10월 유신을 강행한 점을 강하게 비판하고 있는 것이다.[56] 김대중은 지도자론에 있어서 "국가의 역사라는 것은 국민이 정신적 의지를 할 수 있는 지도자를 얼마나 탄생시키는가에 따라 크게 결정되어진다."[57]라든지, "민주주의의 기초가 약하더라도 훌륭한 지도자만 있다면 이를 보완할 수 있으리라 생각"[58]한다는 인식을 밝히고 있다. 뛰어난 리더십을 가진 지도자의 중요성을 강조하며, 대선을 경험한 야당 지도자로서 본인에게도 민주주의 확립에 대한 각오를 투영시키는 동시에 일본 사회에 그 존재감을 호소하고 있다고 볼 수 있다.

(3) 한국 민주주의 정착의 문제점: 국외적 요인

김대중은 한국이 민주화를 이루지 못하고 있는 국외적 요인은 미국과 일본의 책임론 즉, "안정 지상론"에 입각한 미국의 아시아 정책과 한일 국교 정상화 이후의 일본의 한국 정책이라는 인식을 밝히고 있다. 아시아에서 독재 정권이 속출하고 있는 "군사 독재의 도미노적 파급"[59]에 대한 근본 원인은 미국의 대외 정책의 과오에 있으며, 반공만을 위한 미국의 원조 정책이 독재자들을 고무해 왔다는 견해를 일관적으로 주장한다. 이러한 주장은 외신기자클럽의 연설 및

---

56 金大中・安江良介, 앞의 글, pp.108-109.

57 金大中・安江良介, 앞의 글, p.119.

58 김대중, 「아시아 - 아프리카 문제 연구회에서의 연설과 질의응답」, 앞의 책, p.89.

59 김대중, 「祖国韓国の悲痛な現実 - 独裁政治のドミノ的波及」(『中央公論』 1973年 1月 1日号), 『김대중 전집 II 제7권』, 연세대학교 대학출판문화원, 2019, p.48.

『주오코론』의 글 등, 곳곳에서 확인할 수 있다. 이 글들을 통해 냉전 시기 미국은 아시아 각국에 대해 독재 정권이라도 반공 노선만 견지한다면 "이들과 밀착해 무기 및 자금을 주저없이 원조"해 왔으며, "반공은 자유를 지키기 위한 수단에 불과한데 목적을 잊어버린 채 수단만 존중"해 왔다고 비판했다. 이러한 미국의 정책으로 인해, 아시아 각국에서는 민주주의 세력이 독재 정권과 공산주의, 양쪽으로부터 공격을 받는 구조가 생성되고, 여기에 민주주의의 정착이 어려워진 배경이 있다는 분석을 설파하였다.[60] 이와 더불어 냉전 완화 및 미군의 아시아 철수 움직임 등으로 인해 독재 정권은 안팎으로 위협을 느끼게 되었고, 따라서 갑작스러운 유신 공포에는 미국의 국제 정책 전환에 그 외적 책임이 있다고 지적하였다.

한편, 김대중은 한일 국교 정상화가 이루어지자 이번에는 일본이 이러한 미국의 잘못된 정책을 따라하기 시작했는데, 미국은 민주주의를 보호하는 듯한 태도라도 취하지만, 일본은 일방적으로 박정희를 밀어 주고 있다고 지적한다. 그는 일본의 한국 정책, 특히 한일 경제 제휴의 실태를 상세하게 전하며, 그 문제점에 대한 자각을 촉구한다. 김대중은 2차 대전 후 경제 재건에 성공한 일본에 대해 "역사가들은 크게 평가한다고 생각"한다고 전제하면서도, 국교 정상화 이후 일본의 경제 원조가 가져온 폐해에 대해서는 날카롭게 지적하고 있다. 대외 부채의 증가, 일본에서 온 기업의 부실화, 빈부 양극화의 급

60 김대중, 「일본 외신기자클럽에서의 연설」, 1972년 11월 10일, 『김대중 전집 II 제7권』, 연세대학교 대학출판문화원, 2019, p.12.

속한 확대, 일본 공해 기업의 한국 진출, 저임금 기업의 진출로 인해 한국의 허약한 중소기업들이 도산으로 치달게 되는 현실을 적나라하게 토로한다.[61] 오타 오사무는 이러한 김대중의 '한일 경제 제휴'에 관한 지적에 대해, 일본의 대한 경제 협력이 일본 경제로의 의존도를 높여 한국 경제의 종속화를 초래하는 '신식민지주의'적인 것이라는 송건호, 문형선 등의 비판과 일맥상통한다고 분석하고 있다.[62]

또한 김대중은 무엇보다 일본 기업이 박정희 정권과 결탁하여 정치 자금을 제공하고, 일본 기업은 부당 이권을 취하며 비싼 비용과 이중 계약으로 물품 가격이 비싸게 책정되는 악순환에 대해 비판하며, "완전히 한국 국민 착취"가 되고 있는 일본의 책임을 지적한다.[63] 이러한 '한일 유착론'은 납치 사건 이후 일본 국회 내에서도 본격적으로 언급되며, 일본의 한국 정책 전환 문제와 함께 쟁점화된다. 이 문제와 관련하여, 1973년 9월 7일 일본 중의원 외무위원회에서 오카다 하루오(岡田春夫) 사회당 의원은 다음과 같이 발언하고 있다. "오늘날 한국에 대한 투자, 해외 원조, 경제 원조, 이런 것들이 박 정권을 안정시키고 군사 독재 정권을 안정시키는 동시에, 일본의 독점과 한국의 일부 대자본가의 이익을 위한 것이 되고 있다. 그 때문에 한국 국민은 거꾸로 불행한 상태가 되었다." "대한 정책, 특히 경제

---

61 金大中・安江良介, 앞의 글, pp.116-117.

62 太田修, 앞의 논문, p.339.

63 金大中・安江良介, 앞의 글, p.116.「民主化こそ南北統一の前提」,(『週刊エコノミスト』, 1973年 2月 6日号),『김대중 전집 II 제7권』, 연세대학교 대학출판문화원, 2019, p.85.

정책을 근본적으로 재검토 해야 한다."[64] 일본의 한국 정책 전환에 관한 국회에서의 논의는, 1973년 11월 2일 납치 사건에 대한 한일 양 정부에 의한 '정치 결착'으로 사건의 '조기 해결'이 이루어진 후에도 지속된다.

(4) 통일 문제와 민주화

일본 언론에 나타난 김대중의 통일관은 기존의 '선민주회복 후통일실현'과 평화 공존, 평화 교류, 평화 통일의 '3단계 통일론'으로 일관되어 있다. 일본인들에게 그의 통일론은 다소 생소한 것이었는데, 김대중은 이러한 통일관의 당위성에 대해 『세카이』와 『아사히저널』, 『주간 이코노미스트』 등의 시사 잡지를 통해 자세히 설명하고 있다.

『세카이』에서는 1973년 7월 6일 워싱턴 D.C. 메이플라워호텔에서 개최된 한국민주회복통일촉진국민회의 준비위원회 행사에서 재미 한국인을 향해 한 주장을 인용하며, 투쟁의 두 가지 원칙에 대해 언급하고 있다. 하나는 "박정희 독재 정권을 반대하는 것이지 대한민국에 대해 반대하고 있는 것이 아니다."라는 점이며, "우리는 제3 세력도 아니고 북한 측에 서는 것도 아니다. 어디까지나 대한민국의 입장"이라고 강조했다. 또 하나는 "선민주회복 후통일실현"으로, "통일에 대한 민족적 양심과 북쪽의 대등한 교섭을 할 수 있는 실력을 갖춘 민주 정권을 실현시키는 것이 선결 문제"라고 강조했다. 따라

64 『第71回 日本衆議院外務委員会会議録』第34回, 日本, p.8.

서 "통일의 측면에서 보면 민주 회복도 통일을 위한 하나의 과정"[65] 이라는 인식을 설파했다. 『아사히저널』의 「민중은 침묵하지 않는다」에서도 같은 입장을 표명하며, "남쪽의 진정한 민주 정권이 회복되고, 민주적 내정 개혁을 성취하고 북과 막상막하의 통일 교섭을 진행할 수 있는 실력을 양성하는 것이야말로 말만이 아닌 진짜 통일의 길"[66]이라고 강조했다.

김대중의 통일론은 재일 한인을 상대로 한 연설에서도 동일하게 나타난다. 1973년 3월 22일 하코네에서 열린 재일 한인 민주화 및 통일 운동 단체 등이 주최한 전국 간부 연수회에서 "본국의 민주 정권 수립을 토대로 한 남북 통일"[67]을 강조하고 있다. 이 <하코네 연설>은 재일 한국인 사회에 큰 영향을 미쳤는데 정재준, 당시 민단 동경본부 단장이 언급했듯이 이후 재일 동포 조직 운동에 새로운 전환기를 맞게 했다는 의미를 갖는다.[68]

『아사히저널』 및 『주간 이코노미스트』에서는 3단계 통일론 외에, '선민주 후통일'의 방법에 있어서 무력 불가론과 자유로운 공존 추구에 대해 다음과 같이 강조하고 있다.[69]

---

65 金大中・安江良介, 앞의 글, p.113.

66 김대중, 「民衆は黙っていない」(『朝日ジャーナル』1973年2月2日号), 『김대중 전집 II 제7권』, 연세대학교 대학출판문화원, 2019, p.76.

67 김대중, 「한국의 민주주의와 통일의 전망」, 『김대중 전집 II 제7권』, 연세대학교 대학출판문화원, 2019, p.157.

68 鄭在俊, 『金大中救出運動小史』, 現代人文社, 日本, 2006, p.129.

69 김대중, 「民衆は黙っていない」, 앞의 잡지, 『김대중 전집 II 제7권』, 연세대학교 대학출판문화원, 2019, p.76. 「民主化こそ南北統一の前提」, 앞의 잡지, 『김대중 전집 II 제7권』, 연세대학교 대학출판문화원, 2019, p.81.

> 남북이 진실된 민족애와 인내로 통일을 착실하게 진행함과 동시에 통일 전과 후 어느 때라도 결코 무력을 사용하거나 상대방에 대한 숙청을 실시하는 등의 의구심을 완전히 제거해야 합니다. 자유로운 공존의 확고한 보장이야말로 통일의 가장 중요한 핵심인 것입니다.[70]

김대중은 통일에 대해 이야기하면서 평화 공존과 "국민적 합의", "자유로운 합의"를 강조하고 있는데, 이는 일본과 달리 한국인에게는 "자신과 자신의 가족의 생사가 달린 문제"이므로, "자신의 아이들이 죽는 위험을 무릅쓰고 통일을 원하는 것은 무리"라고 설명한다.[71] 이는 그가 "느슨한 연방제적 통일"을 제창했던 이유이기도 한데, 김대중이 주장하는 한국 국민들이 추구해야 할 통일 방식에 대하여 일본의 입장과 차이가 있음을 설명하며, 일본 사회를 이해시키려는 노력이 엿보인다.

(5) 일본의 한국 인식에 대한 문제점과 김대중의 제언

일본인의 한국 인식에 관한 문제점에 대해 김대중은 정당적으로 도식화한 세 그룹으로 나누어 설명하고 있다. 즉, 자민당 주류와 재

---

70 김대중, 「民衆は黙っていない」, 앞의 잡지, 『김대중 전집 II 제7권』, 연세대학교 대학출판문화원, 2019, p.76.

71 김대중, 「民衆は黙っていない」, 앞의 잡지, 『김대중 전집 II 제7권』, 연세대학교 대학출판문화원, 2019, p.82.

개 인사들의 안정 제일주의론적 사고방식, 소위 자민당 내의 양식파라고 일컬어지는 사람들의 사고방식, 그리고 사회당 등 야당 세력의 견해이다.

첫째, 안정 제일주의론자에 대해서는 '안정'의 진정한 의미를 상기시키고 있다. 박정희 체재를 안정이라고 간주한다면, "한국은 그런 탄압 정치라도 안정될 수 있는 정도의 나라라는 사고방식"이 내재되어 있는 건 아닌지 지적한다. 이승만을 하야시킨 4월 혁명이나 본인이 46%의 득표율을 얻은 1971년의 대선을 예로 들며, "그러한 생명력을 발휘한 국민에게 자유가 없어도 과연 안정될 수 있을까?", "국민이 일시적으로 무덤과 같은 침묵을 지키는 것을 안정이라고 할 수 있단 말인가?"라고 반문하고 있다.

둘째, 한국 국민 및 민주 세력에 대한 무관심을 지적한다. 자민당 내의 '양식파'라고 일컬어지는 사람들이 북베트남이나 북한, 중국 등의 공산 진영에 방문하는 것과 관련해서는 "일본 보수 정당의 폭넓은 행동에 매우 존경"하나, 한편으로 가장 가까운 이웃 나라의 민주 세력이 겪는 고통을 인식하지 않는 것에 대해 문제 제기하며 관심을 호소한다.

셋째, 사회당을 비롯한 야당의 입장도 별반 다르지 않다는 점에 불만을 표하고 있다. 남북한의 평화 통일을 강력하게 지지하고 있다는 것에는 사의를 표하면서도, 야당은 북한만을 상대하고 남한과는 대화를 나눌 의향조차 없어 보인다고 지적하며, 이러한 "무시"가 박정희 정권을 유리하게 하는 일이며, 박 정권으로 하여금 안심하고 일본

의 원조를 악용할 수 있게 한다는 견해를 밝혔다.[72]

김대중이 느낀 당시 일본 정계의 한반도 인식은 "사회당과 공산당은 북한"만을 상대하고, 자민당은 박정희 정권만을 상대하며 "한국 국민보다 박 정권이라는 인식"이 있다는 것이었다. 한국 국민이 보이지 않는 자민당과 "북쪽만 생각하고 남쪽은 전혀 생각하지 않는" 사회당 등 야당의 사고방식 모두를 비판하며, "한국은 즉 박정희 정권이라고만 생각"해 버리는 일본 사회에 경종을 울리고 있다.[73]

김대중은 언론지를 통해 한국 정책 및 인식에 대한 일본의 문제점을 설파하는 것에 많은 지면을 사용하고 있는데, 그 방법에 있어서 눈에 띄는 하나는 미국에서의 경험을 예로 들며 소개하거나, 일본의 상황과 비교 설명하는 방식이다. 대표적으로는 박정희 정권 및 민주주의에 대한 인식과 아시아 및 한국 정책에 관해서이다. 특히, 미국과 일본의 한국 정책에 있어서는 독재 정권이어도 반공주의만 유지해 준다면 상관없다는 안정 지상론에 대해 공통적으로 비판하고 있으나, 양국의 구체적인 태도는 매우 다르다고 설명한다. 미국인 개개인에게는 민주주의에 대한 신념이 강하며, 미국 정계에서도 박정희 정권에 대해 비판적 시각을 가지고 있다고 언급하는 한편,[74] 일본의 소극적인 태도에 대해서는 다음과 같이 불만을 토로한다.

---

72 金大中・安江良介, 앞의 글, pp.115-116.

73 김대중,「民衆は黙っていない」, 앞의 잡지,『김대중 전집 II 제7권』, 연세대학교 대학출판문화원, 2019, p.71.

74 金大中・安江良介, 앞의 글, p.110.

일본과 미국의 태도에서 가장 다른 것은 지금 일본에서는 정부 인사가 정식으로 나를 만나기를 주저한다는 점입니다. 미국에 가 보니 국무부 고관을 비롯해서 정식으로 만날 수 있었습니다. 그 점이 다릅니다. 그리고 한국의 사태에 대해서 미국은 즉시 코멘트를 했습니다. 약간 애매한 표정이지만 큰 틀에서는 분명히 불쾌함을 표명하고 있었습니다. 그러나 일본은 잠자코 있을 뿐입니다. 미국 국민은 박정희 독재에 대해 본질적인 분노를 표출하고 있습니다. 격렬한 거부 반응을 바로 표현합니다. 일본에서는 상당수의 사람이 '그러나 통일을 위해서라면' 혹은 '후진국에서는 단번에 민주화를 이루는 것은 무리가 아닌가' 라는 생각을 갖고 있고, 부정적인 반응을 보이더라도 차분히 생각한 뒤에 '역시 안 되는군'이라는 반응입니다.[75]

일본 정치인은 자신을 정식으로 만나는 것을 꺼려할 뿐더러 '한국 민주주의의 위기' 등을 역설해도 반응이 미덥지 않다고 이야기하며, 일본인들의 "민주주의의 소중함을 체질화시키지 못한 것이 아닌가" 라는 일본관을 토로하고 있다.[76] 언론 보도에 있어서도 차이가 크다고 덧붙이며, 일본 언론이 정치 문제 이전에 인간 기본권 문제가 걸린 것이므로 더 강한 관심과 분노로 대처해 주기를 호소하고 있다.[77]

---

75 김대중, 「民衆は黙っていない」, 앞의 잡지, 『김대중 전집 II 제7권』, 연세대학교 대학출판문화원, 2019, p.70.

76 김대중, 「ソウル遥かなり奔る熱弁」(『夕刊フジ』,日本, 1973年 2月 13日), 『김대중 전집 II 제7권』, 연세대학교 대학출판문화원, 2019, p.118.

77 김대중, 「民衆は黙っていない」, 앞의 잡지, 『김대중 전집 II 제7권』, 연세대학교 대학출

또한 전 주일 미국 대사이자 하버드대학교 교수인 라이샤워(Edwin O. Reischauer)나 전 주한 미국 대사관 외교관이자 터프트대학교 교수 그레고리 헨더슨(Gregory Henderson) 같은, 미국에서 만난 학계 및 정계 인사들이 언급한 박정희 정권에 대한 위험성과 경고 등, 그 부정적 인식에 대해 소개하고 있다. 미국에 안정지상론적인 사고가 있다 하더라도 박정희 정권과 같은 독재 체제를 한국 국민이 계속 참아 내지는 못할 것이므로 결국 혼란에 빠질 것이고, 한국의 혼란은 곧 아시아 전체의 안정이 무너질 것이라는 내용이다. 그러므로 일본과 미국은 서로 협력해서 한국의 민주주의가 소생할 수 있도록 박정희 대통령을 강력하게 설득해야 한다는 미국 인사들의 견해를 전하고 있다.[78]

이렇듯 김대중은 일본 언론에서 미국 내의 여론이나 자신의 발언에 대해 꽤 자세하게 소개하며 비교 설명하고 있는데[79], 동일한 시기에 두 나라를 왕래하면서 한국 상황에 대한 이해도나 이해에 대한 적극성에 있어 미일 간에 온도차가 크다는 것을 느꼈음을 알 수 있다. 물론 한일 관계에 있어서 한미 및 미일 관계의 중요성을 염두에 두었겠지만, 그 외에도 일본 독자에게 미국을 매개로 설명함으로써, 한국 실정을 언급하는 자신의 주장 및 견해에 객관성과 당위성을 좀 더 부가하고자 하는 의도가 엿보인다고 할 수 있다.

판문화원, 2019, p.71.

78 金大中・安江良介, 앞의 글, p.110.

79 예를 들면 「한국 민주화로의 길」은 총 20쪽의 긴 인터뷰 내용인데, 미국 활동에 관한 언급이 약 4쪽 반 이상으로, 전체 글의 1/5 이상을 차지하고 있다.

이상과 같이 일본의 한국 인식 및 정책에 대하여 총체적인 문제의식을 가지고 있던 김대중은, 『주오코론』(1973년 1월 1일호)의 기고문에서 '일본 국민에게 드리는 제언'이라는 제목으로 다섯 가지 제언에 관해 언급한다.

첫 번째와 두 번째 제언은 일본의 한국 인식 및 정책 전환에 관한 것이다. 먼저, 일본은 아시아 각국과 접촉할 때 그 근본 정신은 어디까지나 "상대는 정권이 아니라 자유와 행복을 추구하고 바라는 국민임을 잊어서는 안 된다."라고 강조했다. 앞에서 살펴보았듯이 김대중은 일본의 진보 진영에서조차 한국 인식이 결여돼 있는 점에 대해 다수의 매체에서 언급했는데, 단순히 비판에 그치지 않고 어떤 사고방식으로 한국 문제에 접근해야 하는지 구체적인 방향을 제시하고 있다.

두 번째는 경제 협력에 있어서의 정책 전환에 대한 제언이다. 그는 "한국의 일부 권력층 그리고 특정 재벌 육성을 위한 원조, 일본의 이익만을 우선하는 경제 관계"에 대해 비판하며, "상대국 국민에게 그 혜택이 돌아갈 수 있게끔 철저한 방향 전환을 하지 않으면 안 된다." 라고 말한다. 이러한 제언들에 대해서는 납치 사건이 일어난 후 국회 및 언론에서 본격적으로 담론이 형성되고, 시민 사회는 '일한연대' 운동을 통해 실천적으로 행동하게 된다.

세 번째부터 다섯 번째까지는 아시아 평화 질서를 위한 제언인데, 앞에서 서술한 무력 불가론 및 자유로운 공존 추구, 그것들을 위한 일본의 역할 강조에 대한 내용이다. 먼저, 김대중은 "아시아의 평화와 전쟁 위기 해소를 위해 미, 일, 중, 소 4대국에 의한 불가침 조약을 체결"할 것을 제언했는데, 오타 오사무는 이 제언에 대해 오늘날의 한국·북한·미국·러시아·중국·일본에 의한 6자 협의를 앞서간 것이라 할 수 있다고 평가하고 있다.[80] 네 번째로 "아시아에서 공산권과 자유 제국 간의 집단적 평화 공존의 체제를 수립"하는 것의 중요성을 강조하며, 일본은 이미 소련 및 중국과의 국교를 정상화한 일본의 실적을 활용해 아직 중국 소련 양국과 국교를 맺지 못한 각 나라들의 중계에 대해 적극적으로 추진해 나갈 것을 제언했다.

다섯 번째, 아시아에서의 민주주의 정착 및 발전의 중요성을 강조하며 일본이 리더십을 발휘할 것을 제언하고 있다. 구체적으로는 '아시아 민주 공동체'를 조직하여 "각국의 의회 민주주의, 지방 자치, 민주적 시민 운동, 그리고 언론 자유의 발전과 올바른 경제 협력, 각국 민간의 이해와 친선을 증대시키는 문화 교류를 위한 공동의 방안과 협조, 이를 위한 적극적 노력을 선두에 나서 진행"할 것을 제언했다. 오타는 이 제언 내용에 대해 훗날 김대중 정권하에서 주창된 '동아시아 공동체' 구상의 원형으로 보인다고 분석하고 있다.[81] 한편, 당시 '대국일본'이 직면한 가장 중요한 과제로 아시아와의 관계를 어떻게 정립해 나갈 것인가에 대한 비전 확립과 일본의 주도권 발휘를 촉구하고 있다.

이와 같이 김대중은 한국 문제에 있어서 박정희 정권만을 상대하는 일본의 한국 인식에 대한 문제점을 지적하는 동시에, 한국 정책의

80 太田修, 앞의 논문, p.337.

81 太田修, 앞의 논문, p.337.

재정립을 강조하고, 나아가서는 동북아시아에서의 평화적 민주주의 질서를 위해 일본이 주도적 역할을 할 것을 기대하며 구체적인 전망을 제시하고자 했다.

(6) 민족주의자적 면모와 자주 의지의 표출

이 시기 일본 언론지를 통한 김대중의 발언에서는 한국의 자주성을 강조하거나, 그의 민족주의자적 측면이 엿보이는 발언을 곳곳에서 볼 수 있다. 동학 운동 및 인내천 사상을 소개하며,[82] 민족의 자주성과 민주화의 조기 수용 가능성에 대해 언급하거나, 창씨개명이나 신사 참배 강요 등 식민지 시기의 경험을 이야기하며, '과거의 잘못'에 대해 한국에게 당시까지 사죄하지 않는 이유를 묻고 있다.[83] 또한 당시 사회 문제화되었던 일본인의 매춘 관광에 대해서는, "민족 감정으로 봤을 때 참을 수 없을 정도로 교만한 행동[84]"이라고 강하게 비판하고 있다.

한국의 자주성을 강조하는 일면은 김대중이 미국에서 했던 발언을 소개하는 부분에서도 확인할 수 있다. 그는 "아시아에서 민주주의가 시기상조"라는 미국 내의 일부 견해에 대해 "민주주의가 시기

---

82 김대중, 「民衆は黙っていない」, 앞의 잡지, 『김대중 전집 II 제7권』, 연세대학교 대학출판문화원, 2019, pp.76-77.

83 김대중, 「私は韓国の'戒厳令'を怒る」, 앞의 잡지, 『김대중 전집 II 제7권』, 연세대학교 대학출판문화원, 2019, p.9. 김대중, 「民族の真の独立とは何か」(『現代の眼』, 日本 1973年 7月), 『김대중 전집 II 제7권』, 연세대학교 대학출판문화원, 2019, pp.285-286.

84 김대중, 「民主化こそ南北統一の前提」, 앞의 잡지, 『김대중 전집 II 제7권』, 연세대학교 대학출판문화원, 2019, p.85.

상조인지 아닌지, 과도적인 독재를 받아들일 수 있는가 받아들일 수 없는가는 우리 한국인이 결정할 문제이다.", "미국이 원조하는 본래의 목적이 …(중략)… 민중을 탄압하기 위해 악용되지 않도록 이것은 당신들의 책임하에 바로잡아야 한다. 그것만 당신들이 책임을 져준다면 그 다음 문제는 당신들의 신세를 지지 않겠다. 우리가 하겠다."[85]라고 강조한 발언을 일본 언론에서도 그대로 언급한다.

앞에서도 살펴보았듯이 김대중은 일본 언론에 미국 내 여론이나 미국에서 언급한 자신의 발언에 대해 꽤 자세하게 소개하고 있다. 그러나 단순히 미국의 한국 인식 등을 소개하는 것에 그치지 않고, 자주적인 문제 해결 의지를 표명하는 데 있어서도 미국이라는 매개체를 통한 간접적 화법을 사용하고 있다. 그러한 화법을 구사한 배경은 야스에와의 대담에서 짐작해 볼 수 있는데, 김대중은 일본에 대해 무언가를 언급할 때 일종의 '켕기는 마음(引け目)'이 있다고 표현하며, 그 이유에 대해서 다음과 같이 설명한다.

> 자기 나라의 일도 자력으로 해결하지 못하면서, 남의 일에 대해서 옳고 그름을 논하는 것은 매우 괴로운 일입니다. 일본이 한국에 대하여 어떤 나쁜 정책을 내놓든 우리가 그런 정책을 용납하지 않는 태세를 갖추면 문제가 되지 않으므로, 그런 점에서 나는 일본을 이렇다 저렇다 비판하고 싶지 않은 것이 본심입니다.[86]

85 金大中・安江良介, 앞의 글, p.113.

86 金大中・安江良介, 앞의 글, p.114.

일본에 대해서는 미해결 상태의 과거사 문제나 민족주의자적 감정도 남아 있으나, 동시에 강한 자주적 의지와 현실주의자적 면모도 내재되어 있음을 엿볼 수 있다. 한국의 현실을 알리고자 망명을 택한 입장이지만, 불과 27년 전까지 조국을 식민 지배했던 나라에 와서 자신에 대한 지지를 호소해야 하는 상황에 놓인, 이 시기 김대중의 복잡한 심경이 나타난다고도 할 수 있겠다.

5. 맺음말

제1차 망명기에 김대중은 일본 사회에 한국의 실정을 알리고 본인의 주장을 펼치는 데 있어서, 가장 효율적이고 중요한 창구로 정계와 언론계를 선택하여 그 활동에 주력했다. 김대중은 이러한 창구를 통해 일본 사회에 한국의 독재적 정치 상황의 현실 및 민주화 운동 세력의 존재, 일본의 한국 경제 원조 정책의 문제점과 아시아 평화를 위한 일본의 역할 등을 반복적으로 설파하고 알리려 노력했다. 그 과정에서 민주화 투쟁 의지 및 한국 정치인으로서 자존감을 표출하기도 했다. 김대중을 만난 정계 및 언론계 인사들은 그러한 쟁점들에 대한 자신들의 기본 인식 결여 및 무관심을 자각하게 된다.

이러한 김대중의 활동 분석을 통해 납치 사건 이후 본격화되는 일본의 한국 인식 전환 및 정책 재검토 등에 관한 담론 형성과 민주화 지지 운동 전개 등의 기반이 되는 사상 및 문제 인식이 이 시기에 충분히 제시되었고, 이를 바탕으로 담론 형성과 민주화 지지 운동 전개 등을 실천에 옮기기 위한 에너지가 축적되고 있었음을 확인할 수 있었다.

갑작스런 유신 공포로 인해 전혀 준비되지 못한 상태에서 해외 망명 투쟁을 시작하게 된 김대중은, 안정지상주의론에 입각한 경제 원조 정책 전환의 중요성을 설파하며 유신 체제하 한국 상황 및 민주화 세력에 대해 관심과 지지를 호소할 필요가 있었다. 그러나 당시 일본 사회에서 무관심에 가까웠던 한국 및 민주화 운동에 대한 인식과, 김대중 자신의 낮은 인지도를 고려하면 정계와 언론계를 통한 활동이 무엇보다 절실했다고 판단했을 것이다. 그러한 활동을 통해 김대중은 무관심했던 일본의 태도에 대해 점차 변화를 느끼게 된다.[87] 이러한 그의 망명 활동 전략은, 납치 사건 후 전개되는 의회에서의 한국 문제 논의, 센세이셔널한 언론 보도 형태, 김대중과 민주화 운동에 대한 일본 내 지지 세력의 조직화와 확대 양상 등을 볼 때 매우 적확했다고 할 수 있다.

정계의 김대중 및 한국 문제에 대한 인식의 변화는 납치 사건 직후부터 이루어진 의회 논의에 잘 나타난다. 오카다 하루오 사회당 의원은 일본 정부가 박정희의 정권 유지를 지원하고 있다며, 경제 원조 정책의 재검토를 촉구하였다.[88] 덴 히데오 사회당 의원은 박정희 정권과의 관계성만을 중시하는 일본 정부의 인식을 비판하며, "중요한 것은 양국 국민 간의 관계"[89]임을 강조했다. 여기서 김대중이 거듭 설파했던 한국 국민의 존재가 보이기 시작했음을 알 수 있다.

특히, 『세카이』를 중심으로 결집하고 있던 정계 및 언론계 인사, 기독교인, 지식인, 재일 한인 등은 김대중 납치 사건이 발생하자 사건의 진상 규명뿐만 아니라 1차 망명기에 전개됐던 김대중의 사상과

---

87 김대중은 일본 정계의 달라진 반응에 대해 <하코네 연설>에서 다음과 같이 말한다. "나는 일본 정부의 또 일본 정계의 많은 사람들을 만나고 있습니다. (중략) 작년 10월 17일 당시는 이 사람을 경원하던 사람들도 이제는 저쪽에서 저에게 연결할 정도까지 변화되어 왔습니다." 김대중, 「한국의 민주주의와 통일의 전망」, 『김대중 전집 II 제7권』, 연세대학교 대학출판문화원, 2019, p.134.

88 『第七十一回衆議院外務委員会会議録』 第34号, 1973年 9月 7日, p.8.

89 『第七十一回参議院外務委員会会議録』 第27号, 1973年 9月 26日, p.5.

주장이 투영된 담론을 형성해 나간다.[90] 『세카이』는 이후에도 한국 문제에 대한 글을 꾸준히 게재하여, 일본 시민 사회에 있어서 김대중과 한국 민주화 운동에 대한 관심을 집중시키는 주도적 역할을 하게 된다.

또한 『세카이』의 집필자 및 독자층에는 '일한연대' 운동 그룹도 있었는데, 납치 사건 직전까지 이루어진 김대중의 활동은 한일 시민 연대에 대한 본격적인 담론이 시작되는 데 있어서 비교적 신속하게 그 필요성과 당위성을 추출해 내는 역할을 했다고 할 수 있다. 특히 한일연대운동사에 있어서 연대라는 용어를 처음으로 전면에 내세우며 결성된 '일한연대연락회의'의 정식 명칭은 '일본의 대한 정책을 바로잡고, 한국 민주화 투쟁에 연대하는 일본연락회의'인데, 이 긴 명칭에는 김대중의 1차 망명기에 다수의 언론지 및 연설에서 거듭 문제 제기했던 일본의 한국 정책 전환과 민주화 운동에 대한 지지 인식이 축약되어 있음을 알 수 있다.

해외 망명 투쟁을 시작한 지 10개월이 채 되지 않은 1973년 8월 8일, 김대중은 도쿄의 그랜드팔래스호텔에서 납치됨으로써 타의에 의해 1차 망명기 생활의 종결을 맞게 된다. 납치 사건이 일본 사회의 한국 문제 인식에 대한 사고 전환에 있어 결정적 도화선이 되었지만, 김대중의 1차 망명기 활동이 없었다면 그에 대한 언론의 대대

90 『세카이』는 1973년 10월호에서 「김대중 사건 - 무엇을 추궁당하고 있는가(金大中事件—何が問われているか)」라는 제목으로 특집 기사를 내고, 우쓰노미야, 정경모 등의 글을 게재했다.

적이고 지속적인 보도나, 정계 인사들의 움직임 및 지지 그룹의 형성이 사건 직후부터 그렇게 즉각적으로 표출되지 못했을 것이다.

본고에서는 제1차 망명기 김대중의 일본 활동에 대해 분석했다. 여기서 충분히 다루지 못한 재일 한인 네트워크에 대해 보완하고, 납치 사건 발생 후 일본 사회의 김대중 인식 및 민주화 지지 운동 전개와 관련한 분석을 향후 연구 과제로 삼아 현대 한일 관계의 심층적 연구에 일조하고자 한다.

III

장신기

김대중의 1차 망명 활동과 한민통 구상

김대중의 1차 망명 활동과 한민통 구상

장신기
연세대학교 김대중도서관 사료연구 담당

1. 들어가는 글

이 글은 1972년 10월 17일 유신 선포 직후부터 해외에서 이루어진 김대중의 반유신 민주화 투쟁 중에서 해외 한인들과의 연대 및 조직 활동의 내용과 성격을 분석하는 데에 목적을 둔다. 유신이 선포되었을 때 일본에 있던 김대중은 10월 18일 '계엄령에 대하여'라는 성명을 발표하면서 유신 선포를 비판했다. 이는 국내외를 통틀어서 유신에 대한 최초의 반대 선언이었다. 그 이후 김대중은 귀국을 거부하고 미국과 일본을 오가면서 반유신 민주화 투쟁을 전개했다. 이때부터

1973년 8월 8일 일본 도쿄에서 납치될 때까지 해외에서 이루어진 김대중의 민주화 운동을 '1차 망명 투쟁'이라고 한다. 이때를 '1차'라고 하는 이유는 전두환 정권 시절 1982년 12월 23일부터 1985년 2월 8일까지 미국에서 이루어진 망명 투쟁과 구분하기 위해서이다.

유신 체제는, 1972년경부터 위축되고 있던 박정희 정권에 대한 국내에서의 각종 저항을 철저하게 무력화시켰다. 1969년 3선 개헌을 강행한 박정희 정권은 1970년과 1971년에 여러 분야에서 거센 도전에 직면했다. 1970년 11월 전태일 열사 분신, 1971년 4월 7대 대선에서 김대중 후보의 선전과 5월 8대 총선에서 신민당의 대약진, 1971년 여름 사법 파동과 광주 대단지 사건 등이 연이어 일어난 것이다. 이에 위기감을 느낀 박정희 정권은 공세적인 대응 차원에서 1971년 12월 6일 국가비상 사태를 선포하고, 12월 27일 '국가 보위에 관한 특별조치법'을 통과시켰다. 박 정권은 강력한 물리력을 통해 억압을 강화했는데, 특히 1972년 7. 4 공동 성명 발표를 통해 통일 이슈를 전면에 내세우면서 정국을 장악했다. 이러한 상황에서 '남북 대화와 통일 추진' 등을 명분으로 유신이 선포되었기 때문에 이미 약화된 저항 진영은 무력화되었다.

이렇게 유신 초기 국내의 저항 운동이 무력화된 상황에서 반유신 투쟁은 해외 한인들이 주도하게 되었다. 그 한 예로 미국에서는 1969년 3선 개헌 반대 투쟁을 시작으로 반독재 민주화 운동이 나타났다. 일본에서는 1961년 5. 16 쿠데타 직후부터 형성된 민단 민주화 세력이 여전히 존재하고 있었다. 특히 1971년 대선을 거치면서 민주 진영의 리더로 부상한 김대중이 유신 선포 직후 해외에서의 운동을 본격화하자 해외 한인들의 관심이 모아지게 되었고 미국, 일본 사회도 관심을 갖기 시작했다. 김대중은 근본적으로 한국의 민주화는 한국 국민의 힘으로 쟁취해야 한다는 자주적 민주화론을 강조했다. 그래서 1차 망명 시기 김대중은 미국과 일본의 주요 인사들을 만나서 대한 정책의 전환을 촉구하는 것과 동시에, 해외 한인 운동의 활성화와 조직화를 위해 노력했다. 이러한 김대중의 노력은 한국민주회복통일촉진국민회의(이하 한민통) 결성으로 이어졌다.

이러한 김대중의 해외 활동에 위기감을 느낀 유신 정권은 김대중에 대한 납치 테러를 통해 김대중의 활동을 은밀하게 봉쇄하려고 했으나, 미국의 개입으로 김대중은 구사일생으로 살아났다. 이 사건은 해외 한인들의 반유신 투쟁을 더욱 활성화시키고, 미국과 일본에서 유신 정권에 대한 비판 여론이 조성된 계기가 되었다. 또한 억눌려 있던 국내 민주화 운동 세력에게도 큰 자극이 되었다.

이처럼 유신 정권 시절 김대중의 1차 망명과 해외 한인들의 민주화 투쟁은 역사적인 의미가 매우 크다. 그런데 이에 대한 연구는 매우 부족하다. 우선 김대중의 1차 망명 활동을 주제로 한 기존 연구는 전무하다. 김대중의 망명 활동이 성과를 거두어 이에 불안감을 느낀 유신 정권이 김대중 납치 테러 사건을 일으켰다는 점을 감안하면 김대중 1차 망명 활동은 매우 중요한 역사적, 학문적인 의미가 있다. 그럼에도 이에 관한 연구가 전혀 이루어지지 않았다. 그렇다 보니 김대중 1차 망명 활동의 중요한 부분을 차지하는 한민통 연구에서도 김대중이 핵심적인 역할을 한 한민통 결성 과정 등에 대한 내용이 부족하다. 한민통을 포함해서 해외 한인들의 운동을 다룬 연구는 조기은, Chris Park, 지충남 등에 의해서 이루어졌고[1], 이 연구들을 통해 한민통과 해외 한인 운동에 대한 이해가 풍부해졌다. 다만, 이 연구를 보면 한민통 결성에 결정적인 역할을 한 김대중 관련 내용이 별로 없다. 김대중은 한민통 조직 결성, 노선 정립 등에 있어 결정적인 역할을 했기 때문에 김대중의 구상과 실천 그리고 역할 등에 관해서 제대로 파악하는 것이 필요하다. 그래야만 김대중과 해외 한인 운동가들의 결합이 한민통으로 이어지게 되는 과정과 그 의미에 대해서 제대로 이해할 수 있다. 그런데 김대중의 1차 망명 활동에 대한 기존 연구가 없다 보니 이 부분을 깊이 있게 분석할 수 없었던 것이다. 그리고 독재 정권 시기 해외 한인 운동의 활동과 역할을 감안하면, 이에 대한 연구도 크게 부족한 것이 현실이다.

그것은 무엇보다 운동의 공간이 해외이다 보니 국내보다 관심을 덜 받아서 자료 발굴 등이 제대로 이루어지지 못한 탓이 크다. 이 연구에서는 이와 같은 한계를 극복하기 위해서 김대중의 1차, 2차 망명 시기 비서실장을 역임한 재미 인권 운동가 이근팔이 연세대학

---

1 조기은, 「해외 한국민주화운동: '민주민족통일해외한국인연합'을 중심으로」, 『한일민족문제연구』 제29호, 한일민족문제학회, 2015년 12월; 조기은, 「민단계 재일조선인의 한국민주화운동-민단민주화운동세력과 김대중의 '연대'를 중심으로」, 『한국학연구』 75, 고려대학교 한국학연구소, 2020년 12월; 조기은, 「한민통의 한국민주화운동-1970~80년대 활동을 중심으로」, 『동방학지』 제194집, 연세대학교 국측연구원, 2021년 3월; 고지수, 「1970년대 한국민주회복통일촉진국민회의 미주본부의 '선민주·후통일 노선과 자유연합-김재준의 의장활동을 중심으로」, 『역사학연구』 제80호, 호남사학회, 2020년 11월; 지충남, 「재일한인사회의 통일운동 고찰-한통련을 중심으로」, 『한국민족문화』 61, 부산대학교 한국민족문화연구소, 2016년 11월; Chris H. Park, 「1970년대 미주 한인의 사회운동과 통일론」, 연세대학교 대학원 사학과 석사학위논문, 2011.

교 김대중도서관에 기증한 사료를 활용하였다. 이근팔 기증 사료에는 1970~80년대 김대중의 망명 활동 및 해외 한인 운동, 그리고 국내 민주화 운동 등에 관한 역사적, 학문적 가치가 높은 자료가 다수 포함되어 있다. 이 자료에 대한 분석을 통해 그동안 제대로 알려지지 않았던 1차 망명 시기 김대중의 활동과 해외 한인 운동의 여러 역사적 사실들을 파악할 수 있게 되었다.

이 같은 배경에서, 이 글은 먼저 김대중이 해외 한인 운동가들과 한민통 결성을 결심하고 준비하는 과정을 분석한다. 이를 위해서 당시 김대중이 구상한 민주화 이행 노선의 내용과 성격을 분석하고, 이러한 배경에서 이루어진 한민통 조직화 과정을 살펴본다. 당시 김대중이 접촉했던 국내외 주요 인사들의 면면과 이견 조율 및 각종 논의 과정, 조직 건설 과정 등이 구체적인 분석 대상이다. 특히 김대중은 납치 테러 사건으로 인해서 한민통 결성 때까지만 역할을 할 수 있었고 그 뒤에는 직접적인 관여를 할 수 없었는데, 김대중 리더십 부재가 미국과 일본 한민통에 준 영향 등에 대해서도 살펴보려고 한다. 이는 김대중 리더십 변수를 다양한 측면에서 고찰하는 것과 관련이 있다. 결론에서는 김대중 1차 망명과 해외 한인 운동의 역사적 의미에 대해서 살펴볼 것이다.

2. 망명 직후, 일본과 미국에서의 활동

김대중의 1차 망명은 처음부터 계획하고 의도했던 것이 아니었다. 그래서 김대중은 반유신 투쟁의 목표 및 전략, 물적·인적 자원 동원, 네트워크 형성 등, 망명 생활과 관련된 모든 사항을 처음부터 고민하고 자신이 직접 챙겨야 했다. 이러한 과정을 거치면서 김대중은 해외 한인들과의 조직 결성을 결심하게 되었다. 그리고 운동 조직 결성에 있어 미국과 일본의 한인 운동가들의 입장도 중요했다. 양측 사이의 연대가 한민통 결성으로까지 이어지게 된 과정을 살펴보는 것이 2장의 목적이다.

(1) 망명 투쟁 결심 과정

김대중은 유신이 선포되기 6일 전인 1972년 10월 11일 신병 치료차 일본으로 건너갔다. 김대중은 1971년 5월 24일 의문의 교통사고를 당했다. 그는 당시 구사일생으로 목숨을 구했지만 다리 고관절에 부상을 당했고, 그에 따른 신경통이 악화되어 사고 발생 1년 후인 1972년 5월경부터 일본 게이오대학교의 고토 유이치로 교수에게 치료를 받았다. 치료 목적의 방일은 10월 11일이 세 번째였으며[2] 10월 19일 귀국할 예정이었는데 10월 17일 유신이 선포된 것이다. 김대중은 10월 17일 오후 고노 겐조 참의원 의장을 만나고 3시경에 호텔에

2 마이니치신문사 편, 『김대중 납치사건의 전모』, 녹두편집부 옮김, 녹두, 1985, p.109.

돌아왔다. 그때 일본에 있는 한국인 지인이 일본 외무성으로부터 얻은 정보라면서 유신이 선포될 것임을 알려 주었다.[3] 이날 일본 도쿄에는 재외 공관 감사 등의 일로 신민당 의원 3~4명이 있었다. 김대중은 유신 선포 소식을 자신의 고향 친구이자 일본 망명 시기 후원자였던 김종충과 함께 TV로 접했다.[4]

유신 선포 소식에 김대중은 충격을 받기는 했으나 동요하지는 않았다. 이는 이날 저녁에 김대중을 만난 『마이니치신문』의 이시카와 마사시 기자의 증언을 통해서 확인된다. 이시카와 마사시는 그날 저녁 데이코쿠호텔에 찾아갔는데, 거기에는 김대중과 신민당 의원들 여러 명이 함께 있었다고 한다. 그때 김대중은 다른 의원들과 달리 상대적으로 침착한 태도를 보였고, "내일(18일) 유신 반대 성명을 낼 것"이라는 의지를 밝혔다[5]고 한다. 이와 같은 비상 상황에서도 김대중이 상대적으로 차분한 태도를 보일 수 있었던 것은 박정희 정권의 본질을 정확하게 꿰뚫어 보고 있었기 때문이다.

김대중은 3선 개헌안이 통과되고 몇 개월 후인 1970년 1월 10일 『대한일보』 기고문에서 "3선에 성공하면 아마 박 정권은 2~3년 내에 틀림없이 북괴를 빙자하거나 통일의 성취를 운운하면서 나치스 독일이나 대만 같은 총통제를 들고 나올 것이다."[6]라고 했다. 그리고

---

3 『신동아』 1975년 2월호에 있는 내용이며, 이 글은 연세대학교 김대중도서관 편, 『김대중 전집 II 제8권』, 연세대학교 대학출판문화원, 2019, p.59에 수록.

4 마이니치신문사 편, 앞의 책, p.75.

5 마이니치신문사 편, 위의 책, pp.77-79.

6 연세대학교 김대중도서관 편, 『김대중 전집 II 제6권』, 연세대학교 대학출판문화원,

1972년 신민당 내분 과정에 외부의 힘이 작용하고 있다고 판단한 김대중은 일본으로 떠나기 전에 평소 가깝게 지내던 선배인 김홍일, 양일동 등에게 "금년 내에 뭔가 겪어야 할 것 같다."라는 말을 하기도 했다.[7] 이와 같은 말을 통해 김대중이 이런 비상 상황을 항상 염두에 두고 있었음을 알 수 있다.

다음 날인 10월 18일, 김대중은 '계엄령에 대해'라는 제목의 성명을 통해서 유신 선포의 논리적 모순을 지적했다. 이는 국내외를 통틀어서 최초의 반유신 선언이었다는 점에서 역사적인 의미가 크다.

박정희 정권의 유신 선포가 기습적으로 이루어졌고, 7. 4 공동 성명 이후 통일 이슈가 압도하는 상황에서 유신 선포의 명분을 '통일 추진'으로 내세웠기 때문에, 이에 대한 판단을 유보하는 분위기가 있었다. 그 단적인 예로 유신 선포 이전부터 박정희 정권과 크게 대립하던 재일 한인 운동가들인 민단 민주화 세력이 유신 선포 직후에는 사태 추이를 살펴보기 위해서 유보적인 반응을 보였던 것을 들 수 있다. 그러다가 10월 27일 헌법 개정안이 나온 이후인 11월 1일에 가서야 유신 선포를 비판하는 성명을 발표했었다.[8] 그만큼 당시 김대중의 반유신 선언은 매우 빠른 정세 판단의 결과였다.

2019, p.233.

7 연세대학교 김대중도서관 편, 『김대중 전집 II 제8권』, 연세대학교 대학출판문화원, 2019, p.59.

8 한국민주회복통일촉진국민회의 일본본부, 『한민통일본본부자료집 제1편』, 1974, pp.12-14에 있으며, 해당 자료는 민주화운동기념사업회 사료관 오픈아카이브 (https://archives.kdemo.or.kr/isad/view/00860155)에서 확인.

(2) 망명 초기 일본에서의 생활과 활동

이처럼 김대중의 의지는 확고했지만, 막상 해외에서 망명 투쟁을 이어 간다는 것은 결코 쉬운 일이 아니었다. 갑작스럽게 결정된 망명 투쟁은 불확실성으로 가득 찬 미지의 세계였다. 가족을 한국에 두고 온 것도 부담스러웠고, 활동 자금을 미리 준비하지도 않았기 때문에 언제 끝날지 모르는 장기간의 투쟁을 이어 간다는 것은 매우 어려운 일이었다. 또한 망명 투쟁의 성과를 내기 위해서는 김대중의 활동을 뒷받침할 수 있는 조직이 있어야 하는데, 당시는 그런 것도 없었다. 김대중이 1971년 대선을 거치면서 한국 민주 세력의 새로운 지도자로서 크게 알려졌지만, 해외에서 김대중을 지지하는 조직이 구성된 것은 아니었다. 미국인, 일본인 중에서도 김대중을 높이 평가하고 도움을 주려는 인사들이 있었지만 거기에 근본적으로 의존하는 것은 여러모로 부담이 되는 일이었다.

이러한 상황에서 우선 일본에서는 고향 하의도에서 함께 학교를 다닌 동기생 김종충의 도움을 받으면서 생활을 이어 갔다. 김종충은 1921년생으로 김대중보다 3살 위였는데, 학교를 같이 다녀서 김대중과 친구처럼 지냈다. 김종충은 1930년대 일본으로 건너가서 사업을 하면서 자리를 잡았고, 1960년대 중반 김대중이 6대 국회의원 시절 일본을 방문할 때 다시 만나게 되면서 인연을 이어 갔다. 김종충은 원래 정치에는 관심이 없는 인물이었지만 고향 친구 김대중을 지지하고 후원하다가 한민통 일본본부 발족 이후에는 국제국장까지 맡게 되었다. 김종충은 1차 망명 시기 김대중의 일본 생활에 결정적인 도움을 주었으며, 납치 테러 사건 이후에도 김대중과 소통을 이어 가면서 김대중에 대한 지원 활동을 지속했다.[9]

이렇게 시작된 망명 생활 초기, 김대중은 주로 일본의 언론 및 정치인 등과의 접촉에 주력했다. 김대중은 『주간 아사히』, 『선데이 마이니치』, 'TBS' 등과 인터뷰를 했고, 도쿄 외신기자클럽에서 기자 회견을 했다. 그리고 덴 히데오 참의원, 우쓰노미야 도쿠마 중의원 같은 정치인들과 만났다. 이때 김대중은 박정희 정권이 내세운 유신 선포 논리의 모순을 지적하고, 유신 체제는 한반도의 불안정을 초래하여 일본의 안정과 국익에 부정적인 영향을 준다는 점을 강조했다. 당시 한국 내에서는 저항 진영이 무력화되었고, 언론의 자유가 없었기 때문에 유신 반대 논리는 대외적으로 제대로 알려질 수 없었다. 그래서 김대중은 우선 일본의 주요 인사들을 만나서 이러한 사실을 피력했다.

한 달도 채 안 되는 25일 동안의 일본 망명 초기 활동은 성공적이었다. 김대중의 논리는 설득력이 있었고, 무엇보다 일본 주요 인사들과의 접촉이 가능했기 때문이다. 일본은 한국과 지리적으로 인접해 있어서 정치권과 언론계 등에서는 1971년 대선에서 선전한 김대중에 대한 인지도가 있었다. 무엇보다 김대중은 일본어에 능통했기 때문에 통역이 필요 없었다. 그는 이미 1965년 1번, 1966년 1번, 1969년 1번, 1971년 2번, 그리고 1972년에는 3번, 이렇게 일본을 여러 번 방문

---

9 이에 관한 전체적인 내용은 김종충, 『현해탄 파도는 아직도』, 우일출판사, 2002 참조.

하여 일본 내에 일정 정도의 인맥을 구축해 놓기도 했었다. 그래서 망명 직후 일본 주요 인사들을 상대로 한 설득 작업에 바로 나설 수 있었다. 그러나 이때 김대중은 민단 민주화 세력과의 접촉을 본격적으로 추진하지 않았다. 당시에는 일본 사회에 유신 체제의 문제점을 알리는 것에 가장 큰 목적을 두었기 때문이다.

(3) 망명 초기 미국에서의 생활과 활동

일본에서 활동하던 김대중은 1972년 11월 13일 미국으로 건너갔다. 박정희 정권에 가장 큰 영향력을 갖고 있는 미국에서 반유신 여론을 조성하기 위해서였다. 이때 김대중이 미국행을 결정할 수 있었던 것은 막내 처남인 이성호가 미국에 있었기 때문이다. 이희호 여사의 막내동생인 이성호는 1960년대 초에 미국으로 건너가서 에모리대학을 졸업하고, 1967년부터 워싱턴 D.C.에서 유라시아여행사를 운영했으며 1971년에는 워싱턴 한인 회장에 당선되기도 하는 등, 이 지역 한인 사회 내에서 상당한 기반을 갖고 있었다.[10] 그래서 이성호는 일본에서 김종충이 했던 것과 유사하게 미국에서 김대중의 후원자 역할을 했다. 또한 워싱턴 D.C.를 포함한 미국 동부 지역을 중심으로 김대중이 접촉할 수 있는 한인들을 소개하고 연결해 주었다. 이처럼 김대중이 미국에서 망명 생활을 이어 갈 수 있었던 데에는 이성호의 조력이 결정적인 역할을 했다.

---

10 『미주한국일보』 인터넷판, 2016년 5월 25일,
(http://m.koreatimes.com/article/20160525/989658)

1차 망명 초기 미국에서의 활동을 살펴보면 일본과 뚜렷하게 구별되는 지점이 하나 있는데, 그것은 한인들과의 접촉 여부다. 김대중은 망명 이전부터 민단 민주화 세력의 주요 운동가들과 잘 알고 있었지만, 망명 초기 일본에서는 이들과 특별한 접촉을 하지 않았다. 그런데 미국으로 떠나기 전, 일본에 있을 때부터 장면 정부에서 서울시장을 역임한 김상돈에게 연락하는 등 미국에 있는 지인들에게 연락을 취했다.[11] 그리고 미국 도착 직후에도 평소 알고 지내던 임창영, 유기홍, 임병규, 정대철, 김경재 등에게 연락했다. 이것은 일본에서 보여준 모습과는 확연히 달랐다. 김대중이 일본과 달리 미국에서는 평소 알고 지내던 한국인을 먼저 접촉했던 이유는 미국인들을 상대로 한 활동에 도움을 받기 위해서였다. 김대중은 망명 이전 1966년, 1970년, 1971년, 1972년 총 4번 미국을 방문했었는데 그때는 국회의원, 대선 후보 등의 공적인 지위를 가지고 사전에 예정된 프로그램에 의해 방미한 것이었다. 따라서 일정, 교통 및 숙박, 통역 등에 있어 체계적인 뒷받침이 있었다. 그런데 이때는 그렇지가 않았기 때문에 여러 조력이 필요했던 것이다.

망명 초기 김대중의 주된 활동 목적은 미국의 주요 인사들을 만나서 미국의 대한 정책 전환을 설득하는 데에 있었다. 그래서 이때만 해도 그는 재미 한인 사회를 조직화하는 구상을 갖고 있지 않았다. 이는 김대중이 미국 도착 직후 만났던 임창영, 임병규, 유기홍 등

11 「김상돈이 김대중에게 보낸 편지」, 1972년 11월 8일, 연세대학교 김대중도서관.

과의 대화에서 추론해 볼 수 있다. 당시 김대중은 이들과의 대화에서 일본에서 일본 정치인과 언론인 등 주요 인사들을 접촉했던 것처럼 미국에서도 미국 고위직 인사들과의 네트워크 구축을 강조했고, 협력을 구해야 할 인물로 에드윈 라이샤워 하버드대학교 교수, 제롬 코헨 하버드대학교 교수, 로버트 스칼라피노 버클리대학교 교수 등을 언급했다. 이에 대해서 임창영은 김대중에게 재미 한국인들에게 관심을 가져야 한다는 점을 강조했고, 김대중도 공감을 표시했다[12]. 이를 토대로 당시 김대중의 생각을 짐작할 수 있다.

이러한 배경에서 시작해서 1973년 1월 5일까지 50여 일간 이어진 첫 미국 망명 기간 중에 김대중은 에드워드 케네디 상원 의원, 국무부 한국 과장 도널드 레나드, 동아시아태평양 담당 차관보 마셜 그린, 라이샤워 하버드대학교 교수 등을 만났다. 도널드 레나드와 마셜 그린은 1960년에 주한 미국 대사관에 근무[13]한 적이 있는데, 김대중은 이때부터 이들을 알고 있던 것으로 보인다. 에드워드 케네디 상원 의원과 에드윈 라이샤워 교수는 1971년 1월 말과 2월 초에 대선 후보로서 미국을 방문했을 때 처음 만났다. 김대중은 이들을 만나 유신 선포는 자유 민주주의를 강조하는 미국의 가치에 부합하지 않으며, 중국과의 관계 개선에서 보듯이 동북아 지역의 안정을 바라는 미국의 대외 전략에도 부정적인 영향을 주게 될 것이라는 점을 강조했다.

망명 초기 상황을 전체적으로 살펴보면, 일본에서보다 미국에서

---

12 마이니치신문사 편, 앞의 책, p.92.

13 『프레시안』, 2003년 2월 24일, (https://www.pressian.com/pages/articles/42620)

주요 인사들을 만나는 것이 더 어려웠던 것으로 보인다. 특히 미국 언론과의 접촉이 쉽지 않았다. 망명 초기 김대중은 미국에서 일본보다 20여 일 이상 더 체류했고, 여러 방법을 통해 미국 언론과의 접촉을 시도했다. 그러나 미국 언론은 김대중의 활동을 주목하지 않았다. 일본과 비교해서 보면 미국에서는 한국에 대한 관심이 더 적었고 김대중에 대한 인지도 역시 낮았기 때문이다. 그만큼 미국 기자들과 약속 잡는 것부터가 김대중에게는 쉽지 않았던 것이다.[14] 그런 상황 속에서도 김대중은 포기하지 않고 끈질기게 노력을 기울였다. 그 결과 1973년 1월 초, 김대중이 다시 일본으로 돌아간 이후인 1973년 2월 23일 『뉴욕타임즈』에 '아시아를 향한 조언'이라는 제목의 그의 기고문이 게재될 수 있었다. 이것은 김대중으로서는 매우 뜻깊은 성과였으며, 망명 투쟁에 대한 자신감을 갖는 중요한 계기가 되었다고 평가할 수 있다.

(4) 해외 한인들을 기반으로 한 조직 결성을 결심하게 된 계기

이렇듯 미국 주요 인사들을 상대로 한 외연 확장 작업이 더디게 이루어지고 있는 상황에서, 재미 한인들은 망명 투쟁을 전개하는 김대중에 주목하였다. 그때 재미 한인 사회에서는 본국의 민주화를 요구하는

---

14 1973년 3월 하순, 김대중이 다시 미국으로 돌아올 때부터 김대중 비서실장으로서 김대중의 모든 일정을 관리하고 수행했던 이근팔은 미국 언론과의 인터뷰가 잡혔을 때 환호했다고 증언한 바 있다. 「이근팔 구술사 인터뷰 제1차」, 2005년 12월 10일, 연세대학교 김대중도서관.

사람들의 공개적인 행동이 나타나기 시작했는데, 이는 미국 이민이 급증한 것과 관련이 있었다. 미국에서 이민법의 개정으로 1960년대 후반부터 이민자 수가 크게 늘기 시작했고, 더불어 박정희 정권에 비판적인 사람들도 자연스럽게 늘어났다. 그런 배경에서 미국 한인 사회에서는 유학생 등을 중심으로 1969년 3선 개헌 반대 운동이 전개되었다. 유신 선포 이후인 1972년 11월 5일, 워싱턴 D.C. 듀퐁 서클에서는 김웅수 전 6군단장, 김상돈 전 서울시장, 임창영 전 유엔 대사, 전규홍 전 서독 대사 등 400여 명이 참석한 '민주 수호 궐기 대회'가 열리기도 했다. 당시 이 지역의 한인 교포 수가 3,000여 명이었던 것을 감안하면, 참석자 수는 상당히 많은 숫자였다.[15] 이렇듯 당시 미국 한인 사회에서는 독재를 강화하고 있던 박정희 정권에 대한 비판적인 여론이 상당히 있었다. 이러한 배경에서 김대중에 대한 관심이 형성된 것이다.

망명 초기 김대중은 미국에 유학 중인 한국 학생들이 조직한 강연회에서 3차례 연설을 했다. 김대중은 1972년 12월 7일 미국 미주리주 웨스트민스터대학교에서 처음으로 강연을 했다. 이 강연회는 정일형·이태영 부부의 아들인 정대철이 조직했다.[16] 그리고 12월 14일에는 뉴욕 컬럼비아대학교, 12월 말에는 워싱턴 D.C.에 있는 아메리칸대학교에서 강연을 했는데, 이 강연회들은 앞의 경우와 비슷한 방식으로 조직되었다. 당시 웨스트민스터대학교 강연에 참석한 정대

---

15 『미주한국일보』 인터넷판, 2005년 6월 19일 (http://m.koreatimes.com/article/20050620/252277)와 『미주한국일보』 인터넷판, 2017년 9월 17일 (http://m.koreatimes.com/article/20170917/1076566) 참조.

16 정대철, 『21세기, 희망의 프로젝트』, 지식공작소, 2001, pp.33-34.

철과 컬럼비아대학교 강연에 참석한 임병규는 김대중의 강연이 대성공이었다고 평가했다.[17] 이러한 강연 성공을 통해서 김대중은 망명 투쟁에 대한 자신감을 갖게 되고, 해외 한인들 사이의 반유신 여론이 상당하다는 것을 확인하게 되었다.

김대중이 미국에서 활동하고 있을 때 국내에서는 유신 체제 수립을 위한 각종 절차가 빠른 속도로 진행되고 있었다. 유신 헌법에 대한 국민 투표가 1972년 11월 21일 실시되어 92%로 통과되었고, 새 헌법에 의해서 12월 27일 박정희를 제8대 대통령을 선출했다. 이로써 유신 체제를 위한 법적, 제도적 절차가 마무리되었다. 10월 17일 대통령 특별 선언부터 시작해서 개헌, 대통령 선출까지 70여 일 정도의 빠른 속도로 유신 체제가 성립되었다. 저항 진영을 철저하게 무력화시켰기 때문에 가능한 일이었다. 김대중은 변화된 상황에 대응하기 위하여 새로운 논리와 전략을 개발해야 했다. 유신 선포 직후에는 일방적으로 제시되고 있는 박정희 정권의 논리를 논파해서 유신의 정당성을 약화시키는 것이 목표였는데, 이제는 그와 함께 대안을 제시하면서 좀 더 장기적인 관점에서 반유신 투쟁의 목표와 전략을 고민해야만 했다. 그래서 김대중은 체계적인 투쟁을 전개하고 영향력을 확장하기 위한 목적에서 조직 건설이 필요하다는 생각을 점차적으로 하게 되었다.

---

17 정대철, 위의 책, pp.33-34와 마이니치신문사 편, 앞의 책, p.93.

3. 한민통 결성: 시작과 진행 과정

(1) 김대중과 재일 한인 민주화 세력이 결합하게 된 배경과 원인

가. 양측 사이의 공감대 형성 과정

김대중은 1973년 1월 5일, 다시 일본으로 향해서 3월 25일 출국할 때까지 80여 일간 일본에 체류했다. 망명 초기와 달리 이때 김대중은 이미 알고 지내던 민단 민주화 인사들과의 접촉을 본격화했다. 1961년 5. 16 쿠데타 이후 박정희 정권의 입장을 옹호하는 민단 지도부에 반대하는 민단 민주화 세력이 형성되었다. 막강한 조직력을 갖춘 이들은 민단과 박정희 정권 비판에 적극적으로 나서고 있었다. 김대중은 유신 선포 이전에도 민단 민주화 세력의 핵심 인사들은 알고 있었다. 양측은 모두 박정희 정권에 비판적인 입장을 갖고 있었기 때문에 교류가 가능했다. 다만 할동 근거지가 달라, 이때만 해도 정치적인 교류라기보다는 사적인 성격이 강했다. 그런데 1973년 초에는 반유신 운동이라는 정치적인 목적에서 접촉을 하게 된 것이다.

이때 김대중의 수석 비서 역할을 한 조활준이 김대중과 김재화, 배동호, 정재준 등 민단 민주화 세력의 핵심 인사들과의 가교 역할을 했다. 김대중은 일본에 거주하던 언론인 정경모 등과도 처음 만나는 등, 반유신 네트워크 형성에 박차를 가했다. 여기서 김대중이 정경모를 만난 과정과 시점 등을 살펴보면 몇 가지 의미있는 사실들을 알 수 있다. 정경모는 1972년 음력 12월(섣달)에 김대중을 처음 만났다고 밝혔다. 이 만남은 김대중의 제안에 의해서 이루어졌다. 1972년 음력 12월 1일이 양력 1973년 1월 5일이었기 때문에 두 사람은 대략 1월 중하순경에 만났을 것으로 추정된다. 첫 만남에서 김대중은 정경모에게 신문 제작에 관한 내용을 설명하고 협조를 구하려고 했다.[18] 이는 김대중이 자신의 망명 투쟁과 관련해서 여러 전략적인 고려를 한 후에 문필가인 정경모를 일부러 접촉했다는 것을 의미한다. 그렇게 볼 때 김대중은 1월 5일 일본에 다시 돌아온 이후, 전에 알고 지내던 민단 민주화 세력의 핵심 인사들과 많은 소통을 했을 것으로 추정된다. 김대중이 1973년 2월 18일 250여 명이 참석한 <제9회 재일한국청년동맹 동계강습>에서 일본 망명 시기 최초의 대중 연설[19]을 한 것도 그런 맥락에서 이루어졌다.

이런 과정을 거치면서 김대중과 민단 민주화 세력들은 반유신 운동을 효과적으로 전개하기 위하여 조직 결성에 대한 공감대를 넓혔다. 김대중은 1973년 3월 21과 22일에 가나가와현 하코네(箱根)에서 민단 도쿄 본부가 주최한 '민단 민주화 운동 활동가 연수회'에 참석했다. 100여 명이 참석한 이 연수회에서 김대중은 3월 21일 강연을 통해 해외 교포들의 단결과 투쟁을 강조했다. 그리고 이들과의 회의에서 일본을 포함한 해외 한인 운동을 규합하는 조직 결성에 대해서 원칙적으로 합의했다. 당시 논의 및 합의 내용은 3월 30일 미국에서

---

18 정경모, 『시대의 불침범』, 한겨레출판, 2010, pp.204-206.

19 마이니치신문사 편, 앞의 책, p.96.

개최된 재미 한인 민주화 세력 주요 인사 30여 명과의 회의 전에 김대중이 작성한 친필 연설문 개요에서 확인할 수 있다. 김대중은 3월 25일 미국으로 출국했는데, 미국 도착 며칠 뒤에 이 회의가 개최되었다. 김대중의 친필 자료를 보면 "재일 교포의 동향"이라는 항목에서 '4. 상근회의(箱根會議)[20]에서 역사적 결정', '5. 해외 교포 총망라 운동 전개키로'라는 내용이 있다.[21] 이 내용을 보면 재일 한인뿐만 아니라 재미 한인까지 포함해서 해외 한인들을 총망라하는 운동 조직을 건설하기로 원칙적인 합의했음을 알 수 있다.

이처럼 조직 결성에 대한 합의가 빨리 이루어질 수 있었던 원인은 두 가지로 설명할 수 있다. 첫째, 당시 재일 한인 민주화 세력은 단일한 조직 체계를 갖추고 있지는 않았지만 명망 있는 활동가들을 중심으로 한 리더십이 존재하고 있었다. 그래서 김대중과 이들 핵심 운동가들 사이의 합의가 이루어지면 조직화 사업은 탄력을 받을 수 있는 구조였다. 둘째, 첫째 원인과 관련해서 김대중은 망명 이전부터 민단 민주화 세력의 지도자급 인사들인 김재화, 배동호, 정재준 등을 잘 알고 있었다. 그리고 이들보다 아래 연배에 속하면서 조직의 실무 책임자급 역할을 맡고 있던 조활준을 잘 알고 있었고, 곽동의와도 안면이 있었다. 또한 그 아래 연배에 속하는 청년 운동가 김군부도 알고 있었다. 이러한 배경 속에서 김대중과 민단 민주화 세력 사이의 의기

20 하코네가 한자로 상근(箱根)이다.

21 연세대학교 김대중도서관 편, 『김대중 전집 II 제7권』, 연세대학교 대학출판문화원, 2019, pp.162-163.

투합은 빠른 속도로 이루어질 수 있었다.

다만 김대중은 바로 조직을 결성하자는 일부 인사들의 주장에 대해서 "강령 등을 조심스럽게 정해야 한다."라는 등의 이유로 유보적인 반응을 보였다. 그 이유는 3가지로 생각해 볼 수 있다. 첫째, 김대중은 평소 사전 준비를 철저하게 하는데, 그런 그가 보기에 당장 조직 결성을 선포하는 것은 무리라고 판단했기 때문이다. 둘째, 용공음해의 빌미를 제공해서는 안 된다고 판단했기 때문이다. 김대중은 박정희 정권이 민단 비주류 세력을 용공음해하고 있다는 것을 잘 알고 있었기 때문에 이에 대한 확실한 대처가 필요하다고 판단했다. 셋째, 재미 한인 운동의 상황을 살펴볼 필요가 있었다고 판단했을 것으로 보인다. 김대중은 미국과 일본의 대한 정책 전환을 목표로 했는데, 그중에서도 핵심은 미국이었다. 그래서 재미 한인 사회에서 재일 한인 사회와 같은 호응과 열기가 있는지를 우선 파악해 보려고 했을 것으로 판단된다. 당시 재미 한인 사회는 재일 한인 사회처럼 조직적인 역량을 갖춘 조직이 존재한 것은 아니었기 때문이다. 그래서 김대중은 미국의 상황을 확인하려고 했을 것으로 보인다. 위와 같은 3가지 이유에서 김대중은 신중한 반응을 보였던 것이다.

여기서도 확인되지만, 당시 김대중의 태도를 전체적으로 살펴보면 그는 민단 민주화 세력에 편승하는 방식의 결합은 고려하지 않았으며, 자신의 독자적인 영역을 확보하려고 했다. 이를 입증할 수 있는 또 다른 예를 살펴보면 김대중은 일본에서 독자적인 신문 제작을 추진했다는 사실이다. 배동호가 수석의장으로 있던 민족통일협의회는 『민족시보』[22]를 발행하고 있었는데, 김대중은 독자적으로 일본어 신문을 만들어서 일본의 유력 인사들에게 배포하려고 했다. 김대중은 1973년 초 일본 체류 기간(1. 5.~3. 25.)에 정경모를 만나서 정경모에게 이와 같은 제안을 했었다. 이것 외에도 김대중은 1973년 3월 발행된 『자유공화국』을 일본어로 번역해서 발간하는 것을 재미 한인 운동가들과 상의하기도 했다.[23] 이처럼 김대중은 재일 한인 운동 단체에 참여하여 그들의 운동 전략과 문화를 수용하는 방식을 취하지 않고 자신의 영역을 구축하고자 했으며, 이를 관철시키려고 했다.

나. 김대중과 주요 운동가들과의 관계

그러면 여기서 민단 민주화 세력의 주요 인물들과 김대중과의 관계을 구체적으로 살펴보도록 하자. 김대중이 제일 먼저 알게 된 인물은 김재화다. 1903년생인 김재화는 1946년 민단 창립에 참여했고, 재일동포들의 북송 반대 투쟁을 전개했으며, 1950년대 민단 단장을 역임하는 등 초기 민단의 대표적인 인물이었다. 그리고 김재화는 5. 16 쿠데타에 반대하여 당시 이를 지지하는 민단 집행부를 비판하면서 민단의 민주화, 자유화를 위해 '민단정상화유지간담회' 결성을 주도했다. 이처럼 민단 비주류의 대표적인 인물이었던 김재화는 1967년 7대 총선과 1971년 8대 총선에서 신민당 전국구 후보로 나섰다. 그리고 8대

22 정경모, 앞의 책, p.202.

23 「이근팔이 김대중에게 보낸 편지」, 1973년 7월 27일, 연세대학교 김대중도서관.

총선에서 당선되어 유신이 선포되기 전까지 김대중과 함께 의정 활동을 했다. 따라서 두 인물은 잘 아는 사이였다.

김대중이 그 다음으로 알게 된 인물은 조활준이다. 조활준은 1930년경에 출생한 것으로 보이는데,[24] 김대중은 일본을 방문했던 1969년 5월에 지인의 소개로 조활준을 처음 알게 되었다. 조활준은 와세다대학교 영문과를 졸업했고 김재화의 수석 보좌관을 역임하기도 했으며, 한국전쟁 당시 한국 해군으로 복무한 바 있다.[25] 조활준은 도쿄 민단 본부 산하 아라카와구 단장을 역임했으며, 민족통일협의회 부의장을 하다가 1972년 11월에 민단으로부터 제명당하기도 했다.[26] 김대중은 조활준을 자주 왕래하던 사이라고 표현[27]했으며, 그는 1차 망명 시기 김대중의 수석 비서 역할을 했다.

그다음 1971년 1월에는 민단 비주류의 핵심 인물인 배동호를 처음 만나게 된다. 배동호는 1915년생으로 김재화 단장 체제에서 민단 중앙본부의 민생국장, 사무총장, 부단장을 역임했고, 민단 유지간담회 창설을 주도[28]하는 등 민단 민주화 운동의 핵심적인 역할을 했다. 그래서 배동호는 박정희 정권을 지지하는 민단 지도부와 크게 대립했으며, 결

24 주변 인물들의 각종 증언을 종합적으로 살펴보면, 조활준은 곽동의와 비슷한 연배로서 1930년 정도에 출생한 것으로 판단된다.

25 김종충, 앞의 책, pp.40-41.

26 『경향신문』, 1980년 7월 4일.

27 김대중은 내란 음모 조작 사건으로 연행되어 1980년 7월 18일 육군본부 계엄보통군법회의 검찰부에서 한민통 일본본부와 관련된 내용으로 심문을 받았다. 이 내용은 김대중의 진술 조서에 있다. 이 진술 조서는 조갑제 외, 『김대중의 정체』, 조갑제닷컴, 2006, p.107. 참조.

28 김효순, 『조국이 버린 사람들』, 서해문집, 2021, pp.243-244.

국 1971년 7월 민단에서 제명되었다. 민단에서 제명된 이후 배동호는 7. 4 공동 성명이 발표되자 1972년 8월 20일 민족통일협의회 결성을 주도하고, 수석 의장으로 활동했다. 배동호는 민단 민주화 세력의 핵심 운동가로서 이론과 리더십을 갖춘 인물이었다. 김대중은 신민당 대통령 후보 자격으로 미국과 일본 방문을 위해 1971년 1월 25일 출국하여 2월 12일에 귀국했었는데, 이때 배동호를 처음 만났다.[29]

김대중은 그해 11월 19일부터 12월 16일까지 일본을 방문했는데, 이때 민단 민주화 인사들과의 관계를 더욱 발전시켰다. 민단 도쿄 본부장 정재준이 김대중의 대선 낙선을 위로하기 위해 마련한 자리에 배동호, 조활준, 곽동의, 김군부 등이 참석했다[30]. 김대중이 정재준을 처음 만난 시점은 특정할 수 없지만 그 전에 알고 있었거나, 이때 처음 만났다고 볼 수 있다. 곽동의, 김군부 등은 이날 처음 만났다. 정재준은 1917년생으로 어린 나이에 일본에 건너가서 사업을 크게 성공시켰던 인물이다.[31] 그는 한민통 일본본부 재정의 상당 부분을 책임졌는데, 한민통 일본본부가 막강한 조직력에 바탕을 두고 다양한 활동을 할 수 있었던 데에는 정재준의 기여가 컸다.

---

29 배동호와의 만남 시점은 주일 대사관이 작성한 자료와 1980년 내란 음모 사건 당시 김대중의 진술 조서를 보면 공통적으로 1971년 1월 하순으로 되어 있다. 당시 김대중은 1월 25일 오후 2시 비행기로 출국했는데, 1월 26일 밤에 미국에 도착했다고 나온다. 그러면 출국 당일에 일본을 경유해서 미국으로 다시 갔는데, 이때 만난 것으로 보인다. (당시 국내 언론 보도에는 미국 도착 관련 뉴스는 보도하고 있지만, 일본 경유 관련 내용은 확인되지 않는다.) 김대중은 귀국길에는 2월 7일에 도쿄에 도착해서 일정을 보내고, 2월 12일 귀국한다.

30 조갑제 외, 앞의 책, p.106.

31 김효순, 앞의 책, p.242.

곽동의는 1930년생으로 일본 리츠메이칸대학교를 졸업했고, 한국전쟁 때는 학도의용군으로 참전했다. 그는 1950년대 민단중앙에서 일하며 대한청년단의 마지막 단장과 재일한국청년동맹(한청동) 초대 위원장을 역임했다. 곽동의는 1950~60년대 민단 민주화 세력의 대표적인 청년 운동가로서 활발한 활동을 전개했다. 당시 민단 지도부가 배동호와 곽동의에 대한 거부감을 특별히 강하게 표출한 것을 볼 때, 배동호 다음 세대 인물 중에서 곽동의가 가장 중심적인 운동가였던 것으로 보인다.

김군부는 와세다대학교를 나왔고, 1972년 한청동 부위원장을 맡았다. 이 시기에 김대중과 인연을 맺었던 재일 한인 운동가 중에서 김군부가 가장 젊은 나이에 속한다. 민단 민주화 인사들을 전체적으로 살펴보면 김재화, 배동호, 정재준이 지도급 인사였고, 이 중에서 김재화는 비교적 연로했기 때문에 배동호와 정재준이 실질적인 리더 역할을 했다고 볼 수 있다. 조활준과 곽동의는 중년의 나이로 지도급 인사들을 뒷받침하는 역할을 했고, 김군부는 청년 운동을 하고 있었다고 볼 수 있다.[32]

1971년을 거치면서 김대중과 민단 민주화 주요 인사들과의 관계는 크게 발전해서, 김대중이 1972년 2월 20일경부터 3월 2일까지 일본을 방문했을 때에는 두 차례에 걸친 대중 강연을 하기도 했다. 김

---

32 여기서 보면 한 가지 흥미로운 사실이 있는데, 민단 민주화 세력의 핵심 인사들이 모두 영남 출신이라는 점이다. 김재화는 부산, 배동호는 경남 진주, 정재준은 경북 경산, 조활준은 경남 남해, 곽동의는 경남 남해이다. 김종충은 당시 재일 교포 사회에서는 국내에서의 지역주의 의식 같은 것은 없었다고 말했다. 김종충, 앞의 책, p.40.

대중은 2월 27일 <제8회 재일한국청년동맹 전국동계강습회>에서 기념 강연[33]을 했으며, 3월 1일에는 민단 도쿄 본부 주최 3. 1절 53주년 기념식에서 특별 강연을 했다. 김대중은 이때 처음으로 재일 한인들을 상대로 한 대중 연설을 했으며, 이를 통해서 김대중과 재일 한인 운동가들의 관계는 더욱 돈독해졌다. 여기서 살펴보았듯이 김대중은 망명 이전부터 민단 비주류의 핵심 인사들과 상당한 관계를 맺고 있었기 때문에 양측 사이의 협의는 빠른 속도로 이루어질 수 있었다.

(2) 김대중과 재미 한인 민주화 세력이 결합하게 된 배경과 원인

가. 양측 사이의 공감대 형성 과정

김대중은 일본 하코네에서 회의를 마치고, 며칠 뒤인 3월 25일 미국으로 출국했다. 그는 미국 도착 직후인 3월 30일 워싱턴 D.C. 소재 메이플라워호텔에서 안병국, 이근팔, 이성호, 임창영, 전규홍, 김상돈, 임병규, 최석남, 유기홍 등 39명이 참석한 회의를 개최했다. 대중 강연이 아닌 주요 관계자들을 대상으로 한 회의에 이 정도 규모가 참석한 경우는 1차 망명 시기 미국에서 처음이었다. 1972년 말, 망명 초기 김대중이 미국에 있었을 때 주요 관계자들의 모임이 소규모였다는

33 연세대학교 김대중도서관 편, 『김대중 전집 II 제6권』, 연세대학교 대학출판문화원, 2019, p.569.

것을 감안하면, 이날 행사의 성격과 규모를 가늠해 볼 수 있다.

이 회의는 3월 21일 하코네 회의 이후에 김대중에 의해서 급하게 결정된 것으로 보인다. 워싱턴 D.C.와 뉴욕 등에 거주하는 한인들의 수가 많기는 해도 LA의 김상돈, 시카고의 최명상 등 미국의 여러 지역에서도 참석한 것을 보면 준비 기간이 어느 정도 필요했을 것이다. 그렇게 보면 김대중은 3월 21일 하코네 회의에서 운동 조직 건설에 대한 원칙적인 합의를 보게 되자, 바로 미국에 연락을 해서 회의 준비를 했을 것으로 추측된다.

이날 회의 주제는 재미 한인들이 참여하는 반유신 민주화 운동 조직 결성 관련 내용이었다.[34] 당시 회의록이 남아 있지 않기 때문에 구체적인 논의 내용을 확인할 수는 없지만, 회의 이후 진행 상황을 파악해 볼 때 다음과 같은 논의와 합의가 이루어졌다고 판단할 수 있다. 우선, 그날 회의에서 큰 논쟁은 없었을 것 같다. 당시는 재미 한인 민주화 운동 세력 내에서 노선상의 이견이 크게 불거지기 전이었기 때문이다. 그리고 재미 한인들이 참여하는 운동 조직을 만드는 것에 대한 원칙적인 합의가 이루어졌을 것이다. 그리고 김대중을 포함한 몇 명의 인사들에게 조직 구성 관련 중요 사항을 위임했을 것으로 보인다. 이는 김대중이 1973년 7월 6일 미국 한민통 준비위원회 연설에서 3월 30일 회의 이후 몇몇 인사들이 뉴욕과 시카고에서 두

34 연세대학교 김대중도서관 편, 『김대중 전집 II 제7권』, 연세대학교 대학출판문화원, 2019, pp.161-163.

번 회의를 했다고 밝힌[35] 것에서 알 수 있다.

이렇게 미국에서도 한인 운동 조직을 건설하기로 하자 김대중은 미국 주요 지역을 방문하면서 강연도 하고, 그 지역의 주요 인사들과 만나면서 세력을 넓혀 갔다. 이는 망명 초기 미국 동부 지역 중심으로 활동했던 것과 비교해 보면 차이가 큰 행보였다. 한편 1973년 4월 14일에는 세인트루이스에서 열린 재미 한국인 기독학자 모임에 참석해서 120여 명 앞에서 연설도 하고, 회의도 진행했다. 미국 각지에서 학자들이 회의에 참석차 왔는데, 이는 김대중으로서는 자신의 세력을 확장시킬 좋은 기회였다. 재미 한인 사회에서 김대중에 대한 관심이 고조되기 시작했다는 것은 4월 28일 시카고에서 열린 강연회의 규모와 열기를 통해서 알 수 있다. 이날 강연에는 재미 교포 800여 명이 참석하는 등 큰 성공을 거두었으며, 교포들의 반응에 김대중도 상당히 고무되었다[36]. 이러한 과정을 거치면서 미국의 다양한 지역에서 김대중 지지 세력이 형성되었다.

그런데 이때만 해도 재미 한인 사회에서는 반독재 민주화를 지지하는 한인들의 대규모 상설 조직이 없었다. 개인 혹은 몇몇 인사가 모여서 산발적으로 소규모 운동을 하고 있었을 뿐, 미국 특성상 도시별, 지역별로 분산되어 있어 통일된 조직 체계를 갖추지 못한 상태였다. 그렇다 보니 반독재 민주화를 지지해도 김대중의 활동에 동

---

35 연세대학교 김대중도서관 편, 위의 책, p.245.

36 시카고 강연회 분위기와 상황에 대해서는 연세대학교 김대중도서관 편, 위의 책, 239쪽과 『미주한국일보』 인터넷판, 2009년 8월 19일 (http://dc.koreatimes.com/article/20090819/542993) 참조.

참하는 인사들을 규합하는 것은 쉬운 일은 아니었다. 특히 유신 정권은 각종 방해 공작을 펼쳤으며, 심지어 국내에 있는 가족까지 동원해서 김대중과의 접촉을 최대한 차단하려고 했다.[37] 그래서 이에 부담을 느끼는 경우도 있었다. 실제로 7월 6일 한민통 준비위원회 모임에 참석하고도 회원 가입을 하지 않은 사람이 몇 명 있었다.[38] 이러한 상황에서 미국 한민통의 결성이 추진된 것이다.

나. 김대중과 주요 운동가들과의 관계

그러면 여기서 재미 한인 운동가들과 김대중과의 관계에 대해서 살펴보도록 하자. 먼저 제2공화국 장면 정부에서 고위직 인사였던 김상돈, 전규홍, 임창영 등이 있다. 김상돈은 1901년생으로서 초대, 3대, 4대, 5대 국회의원이었으며 장면 정부에서 실시된 서울시장 선거에 당선되어 초대 민선 시장이 되었다.[39] 김상돈은 1971년 5월 8대 총선에 출마했다 낙선했고, 그 이후 미국으로 건너갔다. 전규홍은 1906년생으로, 제헌 국회 사무총장과 장면 정부 시절 주서독 대사를 역임했다. 1961년에(5. 16 쿠데타 이후로 판단) 미국으로 이주해 1977년까지 미국 의회에서 아시아문제 연구원으로 재직했다.[40]

---

37 「이근팔이 김대중에게 보낸 편지」, 1973년 8월 4일, 연세대학교 김대중도서관.

38 「이근팔 구술사 인터뷰 제1차」, 2005년 12월 10일, 연세대학교 김대중도서관.

39 『한국민족문화대백과』 (https://terms.naver.com/entry.naver?docId=552335&cid=46626&categoryId=46626) 참조.

40 『경향신문』 인터넷판, 2001년 6월 1일, (https://m.khan.co.kr/people/obituary/article/200106011816171/amp)

1909년생인 임창영은 1930년 평양 숭실전문학교 졸업 후 미국으로 유학을 가서 여러 학교를 다니다, 1935년 뉴욕신학교에 입학하여 신학을 전공했다. 그는 뉴욕 한인교회에서 1936년부터 1942년까지 목사로 활동했으며, 1946년 프린스턴대학교에서 박사 학위를 취득했다. 서재필이 귀국했을 때(1946~1948) 그의 비서로 활동하기도 했고, 1960년 장면 정부에서 유엔 대사를 지내다 5. 16 쿠데타 이후 사임했다. 그 이후 뉴욕주립대학교 교수로 활동(1961~1978)하면서, 1971년 대선을 앞두고 '재미한국인공명선거추진위원회' 의장을 맡았다.[41] 아울러 1972년부터『국민의 소리』신문을 발행하는 등 반독재 민주화 투쟁에 앞장섰다. 장면 정부에에서 고위직을 역임한 이 3명이 당시 활동한 재미 한인 운동가들 중에서는 가장 연장자였을 것으로 추측된다. 이들보다 바로 아래 연배에서 비중있는 인물은 최석남이었다. 최석남은 박정희와 동기생[42]으로서 육군 통신감을 지냈으며, 5. 16 쿠데타 이후 군의 정치적 중립을 강조하다가 해외로 추방당했다. 최석남은 1974년 재미구국향군 결성[43]을 주도하는 등 반박정희 운동에 적극적인 인물이었다.

그 다음으로 김대중과 비슷한 연배에 속하는 인물들을 살펴보도

---

41 『세계한민족문화대전』 (http://www.okpedia.kr/Contents/ContentsView?contentsId=GC95103427&localCode=naw)과『동아일보』1971년 4월 23일 참조.

42 정기용,『영원한 사랑 대한민국』, 정음서원, 2023, p.74.

43 민주화운동기념사업회 사료관 오픈아카이브 (https://archives.kdemo.or.kr/isad/view/00859941),『구국향군회보』(1975년 12월 1일) 내용 참조.

록 하자. 김대중 미국 망명 생활 중 가장 핵심적인 인사인 이근팔은 1924년생으로 김대중과 동갑이었다. 이근팔은 외교관으로 미국에서 근무하다가 1970년 사직한 후 미국에 거주하고 있었다. 이근팔은 이성호의 소개로 1972년 말 김대중을 처음 만났다. 김대중은 이근팔의 품성과 실력을 높이 평가하여 자신과 함께 일할 것을 제안했고, 그는 이를 수락했다. 그래서 이근팔은 1973년 3월 25일 김대중이 미국으로 다시 돌아온 이후부터 7월 10일 일본으로 떠나기까지 김대중의 비서실장으로서 일정 관리, 수행, 통번역 등의 업무를 맡아서 김대중을 지근거리에서 보좌했다.[44] 그리고 그는 김대중이 납치 테러 사건으로 미국에 다시 돌아오지 못했음에도 불구하고, 미국 한민통의 유일한 상근자[45]로서 민주화 운동에 전력을 다했다.

안병국은 1924년생으로 미국에서 신학대학을 나와서 목사로 활동[46]하고 있었으며, 김대중 납치 테러 사건 이후 미국 한민통 의장 대행을 맡기도 했다. 이재현은 1926년생이며, 주미 한국 대사관 초대 공보관장을 하다가 1973년 6월 미국에 망명을 선언한 인물로서 당시 큰 파장을 일으켰다.[47] 그리고 언론인 최동현, 문명자(1930년생) 부부가 참여했다. 미국 특파원으로 있던 문명자와 김대중의 첫 만남은 김대중이

44 「이근팔 구술사 인터뷰 제1차」, 2005년 12월 10일, 연세대학교 김대중도서관.

45 「이근팔 구술사 인터뷰 제3차」, 2005년 12월 13일, 연세대학교 김대중도서관.

46 『한인역사박물관』 홈페이지 (https://kahistorymuseum.org/%ec%95%88-%eb%b3%91-%ea%b5%ad-rev-byung-kook-ahn-%e5%ae%89%e7%82%b3%e5%9c%8b/)

47 『경향신문』 인터넷판 2005년 7월 10일 (https://m.khan.co.kr/people/obituary/article/200507101802131#c2b)

처음 미국을 방문했을 때인 1966년이었다.[48]

그리고 1930년대 중반에 태어난 강영채, 동원모는 모두 미국에서 박사 학위를 받은 인물들로서, 김대중의 활동을 적극적으로 도왔다. 강영채는 1973년 3월 미국에서 발행된 『자유공화국』의 편집을 맡았고, 1970년대 중반에는 한민통 미국본부의 사무총장을 역임했다. 동원모는 1935년생으로 1965년 미국 조지타운대학교에서 정치학 박사 학위를 받고 1968부터 South Methodist 대학교 정치학 교수로 재직 중이었다.[49] 그는 특히 1973년부터 1980년까지 북미 한인기독학자회 총무, 회장 등을 역임하면서, 재미 한인 민주화 운동의 네트워크 확장에 기여했다. 다음으로 미국 마운트 세인트매리스대학교 교수로, 1971년 7대 대선 때 김대중의 특별 보좌관으로 활동하기도 한 유기홍이 있다. 유기홍은 1937년생으로 알려져 있다.[50]

한편, 이때 김대중의 활동에 적극적으로 참여한 인사들에 임병규, 최명상 등도 있다. 이 둘도 1930년대생으로 추정된다. 임병규는 국제변호사로서 뉴욕 지역을 배경으로 오랜 기간 활동했는데, 1970년대 초에는 학생 신분이었던 것으로 짐작된다. 김대중은 1970년 3월 10일 뉴욕에 있는 컬럼비아대학교에서 강연을 한 적이 있었다. 이 강연회 성

---

48 문명자, 『내가 본 박정희와 김대중』, 월간 말, 1999, p.141.

49 『한인역사박물관』 홈페이지 (https://kahistorymuseum.org/%EB%8F%99-%EC%9B%90-%EB%AA%A8-wonmo-dong-ph-d-%E8%91%A3%E5%85%83%E6%A8%A1/)

50 유기홍의 경력은 『동아일보』, 1970년 10월 19일 참조. 유기홍의 출생 연도는 주변 지인들의 증언 참조.

사에 뉴욕 지역의 인맥이 연관되었을 것으로 보이는데, 임창영이 조력을 했을 가능성이 있다. 아마 그 과정 속에서 김대중이 임병규를 알게 되었을 가능성이 있다. 시카고에서 활동한 최명상은 1971년 서울에서 김대중을 처음 만났다. 그는 1973년 4월 28일 800여 명이 참석한 김대중의 시카고 강연회 개최를 주도했다.[51] 1940년생으로 『한민신보』를 발행하던 언론인 정기용, 정기용과 비슷한 연배로 추정되는 신대식 목사 등도 참여했다.

당시 미국에서 참여한 인사들의 면면을 보면 장면 정부의 고위직 출신, 박사 및 교수, 유학생, 목사, 언론인 등 엘리트 그룹들이 주였음을 알 수 있다.

(3) 한민통이 결성되기까지

이러한 과정을 거쳐서 1973년 7월 6일 미국 워싱턴 D.C.의 메이플라워호텔에서 한국민주회복통일촉진국민회의 준비위원회를 개최하게 되었다. 이때 회의록을 보면 이 명칭을 제안한 사람이 김대중임을 알 수 있다. 이 회의록에 적혀 있는 김대중의 발언 내용을 보면 "명칭에 대해서는 우리의 취지를 명백히 표현하고, 민주주의 회복·통일촉진국민회의의 명칭을 '민·통회의'라고 짧게 할 수도 있음."[52]이라고 되어 있다. 한민통 노선과 관련된 쟁점은 바로 뒤 3장에서 자세하

---

51 『미주한국일보』 인터넷판 2009년 8월 19일,
(http://dc.koreatimes.com/article/20090819/542993)

52 연세대학교 김대중도서관 편, 『김대중 전집 II 제7권』, 연세대학교 대학출판문화원, 2019, pp.226-227.

게 다루는데, 이 명칭은 김대중의 선민주 후통일 노선이 반영된 것이었다. 이렇게 김대중의 구상대로 명칭을 확정한 이날 38명이 가입 신청서를 냈다. 그리고 전형위원에 김대중, 임창영, 안병국이 선임되었고 준비위원에는 김대중, 안병국, 김상돈, 최명상이 선임되었다. 준비위원장은 김대중, 부위원장으로는 안병국이 선출되었다.[53]

그런데 이때 바로 결성식을 하지 않고 준비위원회 구성을 먼저 한 이유는 무엇일까? 미국에서도 몇 가지 쟁점이 있었지만 일본에서처럼 그 정도가 심한 편은 아니었기 때문에, 이것이 그 이유는 아니었다. 이와 관련해서, 이근팔은 반유신 운동 조직을 바로 결성한다고 하면 부담을 느낄 수 있는 사람들이 있을 수 있어서 단계적으로 접근했다고 증언했다[54]. 실제로 준비위원회 회의에 참석한 사람들 중 일부는 가입하지 않았다.[55] 이것을 보면 당시 재미 한인 사회 내에서 반유신 여론이 상당했어도 반독재, 반정부 민주화 운동을 위한 상설 조직을 만들고, 여기에 참여하는 사람들을 규합하는 일이 간단치 않았음을 알 수 있다. 그래서 단계별로 접근해서 참여의 폭을 넓히려고 한 것이다.

그러면 시간을 두고 더 준비를 했어도 되는데, 왜 준비위원회 구성 단계에서 한민통 조직 명칭 등을 공식화하려고 했을까? 그것은 일본보다 미국에서 먼저 한민통 결성을 대외적으로 공식화하려는 김대

---

53 1973년 7월 6일 한민통 준비위원회 회의록, 참석자 명단 등은 이근팔이 연세대학교 김대중도서관에 기증한 사료에 있다.

54 「이근팔 구술사 인터뷰 제2차」, 2005년 12월 12일, 연세대학교 김대중도서관.

55 「이근팔 구술사 인터뷰 제1차」, 2005년 12월 10일, 연세대학교 김대중도서관.

중의 전략적 판단이 작용한 것으로 추측된다. 여러 측면에서 재일 한인 운동의 역량이 재미 한인 운동보다 훨씬 강력했다. 그런데 일본에는 조총련이 있었고, 재일 한인 특유의 강력한 민족주의적 정서가 있어서 재일 한인 운동이 이념 공세를 받기 쉬운 여건에 있었다. 이러한 점을 고려해서 김대중은 미국에서 먼저 한민통의 기본 방향을 설정한 후에 재일 한인 운동가들에게 이 원칙을 제시하면서 자신의 구상대로 한민통 결성을 주도하려고 한 것으로 보인다. 그래서 미국에서 준비위원회 형식으로 먼저 한민통 결성을 공식화한 것으로 판단된다.

한민통 준비위원회 결성식을 마치고 난 후 김대중은 일본으로 출발, 7월 10일 도착했다. 김대중은 먼저 김종충과 조활준에게 미국 한민통 결성에 관한 내용을 설명했고, 조활준이 이를 배동호, 정재준 등에게 전했다. 이 문제를 논의하기 위하여 7월 13일 게이오 플라자 호텔에서 김대중, 김재화, 배동호, 조활준, 김군부, 김종충 등이 참석한 회의가 열렸다. 이날 김대중은 "민단 민주화 세력이 현재와 같이 분산되어 있으면 효과적이지 못하다."라고 지적했고, 회의 끝에 김대중과 재일 한인 운동가들은 일본에서도 한민통을 조직하기로 합의했다.[56] 그러나 이후 조총련과의 8. 15 공동 행사 문제가 불거져서 난항을 겪게 되었다. 결국 김대중이 강조한 '조총련과의 공동 행사 금지' 원칙을 재일 한인 운동가들이 수용함으로써 갈등이 수습되었

56 조갑제 외, 앞의 책, p.109.

다. 그리고 일본 한민통을 결성하기로 하고 8월 13일 발기 대회를 한 뒤, 8월 15일에 선언 대회를 하기로 했다.

김대중은 미국과 달리 일본 한민통 결성을 한 번에 하려고 한 것으로 보인다. 그것은 미국과 일본의 상황이 크게 달랐기 때문이다. 재일 한인 운동가들은 이미 조직 경험이 많은 베테랑이었고, 기존에 여러 조직이 있었기 때문에 일반 재일 교포들 입장에서도 조직 참여와 활동이 낯설지 않았다. 또한 일본에서는 3월 21일 하코네 회의에서도 바로 조직 결성을 주장한 사람들이 있었을 정도로 반유신에 대한 열기가 충분히 고조되어 있었다. 그래서 일본에서는 미국처럼 단계별 접근을 할 이유가 없었다.

다만, 발기 대회와 선언 대회를 이틀 간격을 두고 구분해서 하기로 한 것은 다소 특이해 보인다. 아마도 일본 한민통 발족을 좀 더 알리기 위한 전략적 목적에서 그와 같이 한 것으로 추정된다. 8월 15일은 광복절 경축 행사로 대규모 행사가 예정되어 있었기 때문에 이날 처음으로 한민통 발족을 공식화하면 아무래도 관심이 분산될 수 있었을 것이다. 그래서 이틀 전인 8월 13일에 주요 인사들이 참여한 발기 대회를 개최해서 한민통 출범을 독립적으로 알리고, 많은 사람들이 몰리는 15일에 선언 대회 형식의 관련 프로그램을 넣어서 한민통 결성에 대한 관심을 이어 가려는 전략을 세웠던 것으로 판단된다. 이러한 과정을 거쳐 마침내 미국과 일본에서 한민통이 결성되었다.

4. 한민통의 성격: 노선

(1) 김대중과 해외 한인 운동가들 사이의 입장 차이의 배경

김대중과 미국, 일본의 한인 운동가들은 박정희 독재 체제를 반대하고, 한국의 민주화와 한반도의 평화 통일을 지향한다는 데에 의견을 같이했다. 그 결과 한민통이 결성될 수 있었다. 그런데 세부적인 노선과 실천 전략 등에 있어 의견 차이가 존재하여 한민통 결성을 위한 논의 과정 때부터 논쟁이 있었고, 일본에서는 상당한 긴장이 형성되기도 하였다. 미국과 일본에서 나타난 이견의 구체적인 내용은 차이가 있으나, 그 맥락은 비슷하다. 이때 김대중은 '대한민국 절대지지'와 '선민주 후통일'의 두가지 원칙을 강조했고, 일본에서는 추가적으로 '조총련과의 연대 금지' 원칙을 제시하여 이를 관철시켰다.

그러면 양측 사이에 이러한 인식의 차이가 발생한 이유는 무엇일까? 그것은 세가지 차원에서 생각해 볼 수 있다. 첫째, 현실 정치인으로서 김대중의 입장이 반영된 결과이다. 김대중은 해외 한인 운동가들과 달리 언젠가는 국내에 돌아와서 다시 정치 활동을 해야 하는 입장이었다. 따라서 국내에서 허용될 수 없는 무리한 주장을 그대로 수용할 수 없었다. 또한 자칫하면 오히려 국내 민주화 운동에 부정적인 영향을 줄 수 있기 때문에 엄격한 원칙이 필요하다고 보았다. 둘째, 해외 한인 운동가들은 한국을 떠난 지 오래되었고, 당시는 지금처럼 정보통신이 발달하지 않은 시대여서 국내 상황에 대한 정보가 부족해 감이 많이 떨어질 수 밖에 없었다. 미국의 임창영은 1930년에 미국으로 건너갔으며, 일본의 김재화는 1925년 일본 상지대학교 1학년을 중퇴했다는 기록으로 볼 때 이미 그 전에 도일했고, 정재준은 1925년, 곽동의와 조활준은 1948년, 배동호는 1949년에 도일했다.[57] 이렇게 미국과 일본에 장기간 거주를 했기 때문에 국내 정치 현안과 문화에 대해서는 아무래도 감이 떨어질 수 밖에 없었다.

셋째, 해외 한인 운동가들은 민족주의적 열정이 강했고, 특히 이 경향은 일본에서 두드러지게 나타났다. 재일 한인들은 식민지 시절 일본으로 건너간 사람들과 그 후손들이 주축이었고, 일본에서 민족적 차별을 실제 경험하다 보니 반일 민족주의 정서가 강렬했다[58]. 또한 이들은 통일 민족주의 정서 역시 강했다. 일본에서 겪는 민족적 차별을 해소할 수 있는 길이 한국의 민주화와 남북의 평화적 통일에 있다고 생각했기 때문이다. 김대중이 일본에서 '조총련과의 공동 행사 금지' 원칙을 추가적으로 강조한 것은 재일 한인들의 강렬한 민족주의 정서와 관련된 것이었다. 미국은 다인종 다민족 국가이기 때문에 재미 한인들은 대부분 미국 시민권자가 되는 것에 대한 부담감을 느끼지 않았다. 그런데 일본에서는 그렇지 않아서 재일 한인 운동가들은 민족적 정체성을 강조했다. 그리고 민족적 자긍심 확보 차원에서 남북한 사이의 화해와 통일을 열망했다. 이는 민주화 운동에 동

---

57 김재화, 배동호, 곽동의, 조활준 관련 기록은 1980년 주일 한국 대사관이 한민통 일본본부에 관해 작성한 보고서의 내용을 참조했으며, 이 내용은 조갑제 외, 앞의 책, pp.101-103 참조. 정재준 관련 내용은 김효순, 앞의 책, p.220 참조.

58 재일 한인 운동에 관해서는 김지형, 「분단의 전이」, 『역사와 현실』 제83호, 2012와 지충남, 「재일한인 사회의 통일운동 고찰: 한통련을 중심으로」, 『한국민족문화』 61, 2011을 참조.

력이 되기도 했지만, 독재 정권의 여러 공작에 걸려들 수 있는 취약점의 원인이 되기도 했다. 이와 같은 세 가지 원인 때문에 김대중과 해외 한인 운동가들 사이에 인식의 차이가 발생했다.

(2) 대한민국 절대 지지

김대중이 강조한 제1원칙은 '대한민국 절대 지지'이다. 이는 매우 당연한 것이기 때문에 이를 제1원칙으로 강조한 것은 약간 어색하게 보일 수도 있다. 그런데 당시 상황을 보면 이는 매우 중요한 의미가 있음을 알 수 있다. 군사 독재 정권은 반독재 민주화를 지향한 저항 세력을 좌익용공 세력으로 몰아가고는 했다. 그래서 정부와 정권에 대한 비판을 반국가적인 반한(反韓) 운동으로 낙인 찍었다. 이에 김대중은 '대한민국 절대 지지' 원칙을 우선적으로 강조하여 군사 독재 정권의 용공음해에 대처하려고 했다. 김대중이 강조한 이 원칙은 구체적으로는 두 가지로 구분해서 살펴볼 수 있다. 하나는 국가로서의 대한민국을 지지한다는 것이고, 다른 하나는 대한민국의 기본 질서인 자유 민주주의 체제를 지지한다는 것이다. 그러면 이것을 하나씩 살펴보도록 하자.

먼저 첫 번째 경우는 1973년 7월 6일 미국 한민통 준비위원회 회의에서 최석남 장군의 망명 정부 수립 의견이 나왔을 때 적용되었다. 당시 회의에서 조직 명칭에 대한 주제로 논의할 때 최석남은 "전 미국의 교포가 한 몸이 되어 싸우기 위해서 단체가 필요한데 명칭에 관하여 논의가 필요할 것입니다. 대한민국임시정부라는 명칭이 어떨까요? 가부 표결을 물읍시다."라고 의견을 밝혔다. 이에 대해서 김대중은 "이 투쟁 목표는 망명 정부 구성이 아니다. 현 정부는 옳고 그렇고 간에 국제 각국의 승인하에 하는 것이니만큼 망명 정권이라 칭할 때에는 주재국과의 관계가 미묘한 것이다. 그러니 일단 최 장군이 그 제안을 철회 바람."이라고 말했고, 이에 대해서 최석남 장군은 "제안을 자진 철회합니다."라고 말했다.[59] 그 이후의 전개 과정을 보면 이때 최석남의 '망명 정부 수립' 발언은 실제 그것을 목표로 한 운동 노선의 관점에서 나온 것이라기보다는 유신 체제에 대한 강한 반감에서 나온 돌발적인 성격이 강하다. 다만 이러한 발언이 나올 만큼 유신 체제에 대한 거부감과 극복 의지가 강했다는 것을 알 수 있다. 김대중은 독재 정권에 대한 강한 비판 의식이 대한민국 국가 자체에 대한 회의로 이어지는 것을 크게 경계하여 이 원칙을 강조했다.

두 번째는 군사 독재 정권에 대한 대안 노선과 관련된 것이다. 김대중은 반공주의자로서 독재 정권에 대한 대안으로 자유 민주주의의 실질적 구현을 정치적 목표로 삼고 있었다. 김대중은 독재 정권에 의해서 형해화된 자유 민주주의가 아니라 자유 민주주의의 본질적 가치를 제대로 실현하는 것이 필요하고, 이것이 공산주의 위협에 맞선 진정한 반공 안보의 길이라고 강조했다. 김대중은 반공 안보를 민주주의를 통해서 설명하기도 했다. 김대중은 민주주의가 사회 전 영역에 착근될 때 국가가 안정 속에서 지속적인 발전을 이룩할 수 있고, 이것이 공산

---

59 연세대학교 김대중도서관 편, 『김대중 전집 II 제7권』, 연세대학교 대학출판문화원, 2019, pp.226-227.

주의의 침투 가능성을 근본적으로 막을 수 있다고 생각했다. 김대중이 그토록 유신 체제를 비판한 이유도 진정한 반공 안보를 위해서였다. 이처럼 김대중은 투철한 자유 민주주의자였으며, 대한민국 절대 지지를 제1원칙으로 강조한 것도 이와 관련되어 있다.

(3) 선민주 후통일 노선

가. 선통일 후민주 노선과의 논쟁

김대중이 강조한 제2원칙은 '선민주 후통일' 노선이었다. 앞에서 살펴본 제1원칙인 '대한민국 절대 지지'의 경우는 너무도 당연한 것이기도 해서 이 원칙 수용 여부를 두고 특별한 논쟁이 발생하지 않았다. 그런데 '선민주 후통일'은 이와 대립된 '선통일 후민주'와의 사이에서 상당히 첨예한 논쟁이 발생했다. 김대중은 자신이 직접 작명한 한국민주회복통일촉진국민회의의 명칭에서 확인할 수 있듯이 당시 운동의 목표를 선민주회복 후통일촉진으로 설정했다. 그래서 '선통일 후민주'를 강조한 급진 민족주의자들과 논쟁이 발생했다.

해외 한인 운동에서 '선통일 후민주' 노선 형성의 중요한 계기는 1972년 7. 4 공동 성명이었다. 박정희 정권은 7. 4 공동 성명 이전까지만 해도 통일 이슈를 강조하지 않았다. 박정희 정권은 1960년대 선건설 후통일 노선을 강조했고, 1968년 1. 21 사태에서 보듯 남북 간의 군사적 긴장도 심했기 때문에 '통일'은 정치적인 과제에서 후순위로 밀렸다. 그런데 당시만 해도 통일에 대한 국민적 염원은 상당히 강했으며, 해외에 거주하는 한인들의 정서도 비슷했다. 한편, 해외에서는 통일 문제를 제기하는 것에 대한 제약과 탄압이 없었기 때문에 7. 4 공동 성명 이후 이를 적극적으로 제기하고 행동에 나서려는 움직임이 나오게 되었다. 그리고 반독재 민주화와 관련해서 분단 모순을 해소하는 통일이 독재 체제 종식의 핵심적이고 근본적인 과제라는 입장이 나타났다. 이와 같은 인식은 1973년 6월 30일 북한 방문 의사를 밝힌 임창영의 편지에서 그대로 확인된다.

> 고려할수록 이북과 교통 개척의 시기는 왔습니다. 급변하는 국제 추세와 일익 가속도로 악화해 가는 이남의 상태는 재래의 방식만으로서는 구국호민이 불가능하다는 것을 명시합니다. 재래의 방식이란 먼저 남한에 민주민생을 육성해서 실력 균형의 주창에서 평화적 통일을 이룩하자는 것인데 전속적 변천기에 한 열강은 자체의 이익을 위해서 조국 분단을 영구화하려는 기색을 보이는가 하면 남한은 민주의 말살, 민생의 파괴로서 이 현상이 계속되면 미구에 이남은 어떤 외국의 소유물이 될 것이오. 그렇게 되면 이북도 외세의 지배를 면치 못할 것이외다. 다시 말해서 국토의 통일과 국민의 자유 전취의 운동은 병진해야 하겠다는 것입니다.[60]

이 글에는 급진 민족주의 성향의 '선통일 후민주' 노선의 인식이 아주 잘 나와 있다. 임창영은 분단 모순이 독재와 연계되어 있기 때문에 이 문제를 분리하지 않고 동시에 다뤄야 한다는 입장을 강조한

60 「임창영·이보배 편지」, 1973년 6월 30일, 연세대학교 김대중도서관.

다. 그러나 김대중이 방북를 반대하면서 적극적인 설득에 나서자 임창영은 방북을 포기했다. 이때까지만 해도 미국 내 급진 민족주의자들이 체계적인 조직을 구축한 상태는 아니었고, 김대중의 리더십이 작용하고 있었기 때문에 더 큰 논란으로 이어지지 않았다. 그런데 이와 관련된 이견과 논쟁은 훗날 미국 한민통의 분화를 예고하는 것이기도 했다.

이와 같은 급진 민족주의적 정서와 정치 노선은 일본에서도 나타난다. 다만 쟁점의 구체적인 내용은 두 가지 면에서 미국에서의 경우와 조금 달랐다. 먼저 미국에서는 방북 여부가 쟁점이었다면, 일본에서는 조총련과의 공동 행사 여부가 쟁점이었다. 그리고 재미 한인 사회의 경우 그 당시만 해도 조직적인 차원의 행동이라기보다 특정 개인의 선택이었는데, 재일 한인 사회는 전체적으로 민족주의적 열정이 강했기 때문에 조직적 차원에서 김대중과의 이견이 발생할 수 있었다.

이들은 민단 민주화, 자주화 운동을 전개하면서 박정희 정권의 독재를 비판하면서도 7. 4 공동 성명 이후 조성된 남북 관계 개선 분위기에 큰 기대를 가졌다. 그와 같은 배경에서 배동호는 1972년 8월 20일 민족통일협의회 결성을 주도했다. 그리고 앞에서 설명한 대로 1972년 10월 17일 박정희 정권이 '통일 추진'을 명분으로 유신을 선포했을 때, 초기에는 즉각적인 비판을 하기보다는 사태 전개를 예의 주시 하다가 10월 27일 개헌안이 나온 이후에야 비판하기 시작한 것도 이와 관련되어 있다. 그리고 7. 4 공동 성명 발표 1주년이 되는 1973년

7월 4일에 민단 도쿄 본부는 조총련 도쿄 본부와 공동으로 기념행사를 개최하기도 했다. 이처럼 재일 한인 운동가들은 반일 민족주의 정서뿐만 아니라 통일 민족주의 정서도 강했다.

이와 같은 성격을 갖고 있던 이들은 조총련과의 1973년 8. 15 공동 행사 개최 여부를 두고 김대중과 갈등을 빚게 된다. 7월 4일 공동 행사는 재일 한인 운동가들의 독립적인 판단이었고, 그때만 해도 김대중은 이들과 조직적인 연계를 갖고 있지 않았기 때문에 개입할 수 없었다. 그런데 7월 10일 일본에 온 김대중은 7월 13일 김재화, 배동호 등과의 회의에서 일본에서도 한민통을 결성하기로 원칙적으로 합의한 이후부터 '조총련과의 공동 행사 금지' 원칙을 강조했다. 마침 8월 15일 광복절 행사에서 이 문제가 바로 현안으로 부각되었다. 7월 25일 김대중과 재일한국인민주화운동대표자(민단 자주수호위원회, 민족통일협의회, 민단 도쿄 본부, 민단 카와카와현 본부, 한국청년동맹중앙본부, 대한부인회 도쿄 본부의 리더급 인사들과 중간 간부급 인사) 30여 명이 참석한 회의가 열렸는데, 이때 조총련과의 8. 15 광복절 공동 행사 문제를 두고 논쟁이 발생했다. 김대중은 조총련과의 공동 행사 추진을 단호히 반대했다. 그런데 자신의 입장이 관철되지 않고 논란이 이어지자, 김대중은 이 상태로는 일본 한민통을 구성하지 않겠다고 선언하면서 회의장에서 나오는 강수를 두었다[61].

김대중은 미국에서 방북 의사를 밝힌 임창영을 만류해서 그가 방북

---

61 1973년 7월 25일 회의 상황은 조갑제 외, 앞의 책, pp.109-110과 마이니치신문사 편, 앞의 책, pp. 101-102 참조.

을 철회하도록 했을 정도로 이 사안에 엄격한 원칙을 갖고 있었다. 그런데 재일 한인 운동가들은 김대중이 이 원칙을 이 정도로 중시한다는 사실을 정확하게 알지 못했던 것 같다. 결국 김대중의 강경한 입장을 확인한 이들은 김대중 퇴장 이후 후속 논의를 진행하여 김대중의 입장을 따르기로 결정했다.[62] 이러한 과정을 거친 후에 8월 4일 우에노의 이케노하타 여관에서 일본 한민통 결성 관련 최종 담판을 위해서 김대중, 김재화, 배동호, 정재준, 조활준 등 5인이 모였다. 조활준은 김대중의 수석 비서로서 배석한 것이므로, 민단 민주화 운동 세력의 대표로서는 김재화, 배동호, 정재준 등이 참석하여 김대중과 최종 조율을 한 셈이다. 이 회의에서 김대중의 입장대로 조총련과 8. 15 공동 행사를 하지 않기로 결정한 것이다. 이어서 일본 한민통 결성에 최종적인 합의를 보게 되어 8월 13일 한민통 일본본부 결성 발기 대회를 하고, 8월 15일에 선언 대회를 하기로 했다.

나. 김대중이 선통일 후민주 노선을 비판한 이유

김대중이 선통일 후민주 노선을 비판한 세 가지 이유는 다음과 같다. 이 중 두 개는 미국과 일본에 다 포함되는 내용이며, '조총련과의 공동 행사 금지'는 일본에만 해당하는 내용이다. 첫째, 김대중은 선통일 후민주 노선의 배경이 되는 1970년대 초 남북 대화 추진 방식과 의도 등에 문제가 많다고 보았다. 실제로 1972년 7. 4 공동 성명 이후 남한은 유신 체제, 북한은 주석제를 도입하여 절대 권력을 공고

62 마이니치신문사 편, 앞의 책, p.103.

화하고, 독재 체제를 강화시키는 조치를 취했다. 또한 당시는 정권이 통일 담론을 독점하면서 통제하고 있었으며, 남북 대화는 당국 간 회담이었기 때문에 민간 차원의 교류 협력은 가능하지 않았다. 이런 상황에서 북한이 해외 한인들의 북한 방문과 조총련과의 공동 행사 등을 추진하는 것은 한국 사회 내부를 이간질하기 위한 목적이라고 김대중은 판단했다. 그래서 해외 한인들이 북한의 제안에 호응하게 되면 자신들의 의도와 상관없이 북한에 이용당하고, 한국 정부에 탄압의 빌미를 제공하게 되는 악순환이 발생하게 될 것을 우려했다. 그러한 이유로 김대중은 해외 한인들의 방북과 조총련과의 공동 행사를 모두 막으려고 한 것이다.

둘째, 김대중은 선통일을 강조하면 북한과의 협상에 중심적인 가치를 두면서 반독재 민주화가 후순위로 밀릴 가능성을 우려했다. 특히 내정에서 많은 문제를 초래한 독재 정권이 국면 전환 등의 다양한 이유로 남북 대화를 시도할 때에도 선통일론은 이 같은 시도를 긍정적으로 이해하는 입장으로 이어질 수 있었다. 실제로 1980년대 초중반 미국의 임창영은 전두환 정권과의 네트워크를 통해서 전두환·김일성 정상 회담 추진 과정에서 막후 역할을 하기도 했다.[63] 임창영의 행동은 선민주보다 선통일을 강조할 때 나올 수 있는 것이었다. 김대중은 선통일론이 독재 정권에 이용당하면서 한국 민주화에 부정적인 영향을 줄 수 있다는 점을 우려했다.

---

63 『월간중앙』 1989년 4월호, pp.382-391.

셋째, 김대중은 박정희 정권이 재일 한인 운동을 조총련과 연계해서 정치적으로 탄압하고 있다는 것을 잘 알고 있었다. 그렇기 때문에 여기에 빌미를 제공해서는 안 된다고 판단했다. 박정희 정권은 1967년 7대 총선 때부터 민단 민주화 세력을 조총련과 연관시켜 정치 공작을 펼친 적이 있었다. 1967년 7대 총선에서 민단 민주화 세력의 리더인 김재화가 신민당 전국구 10번을 배정받았는데, 이때 김재화는 당에 공천 헌금을 냈다. 그런데 당시 박정희 정권은 이 자금의 원천이 조총련이라고 몰아가면서 공세를 펼쳤다. 이에 김재화는 5월 31일 사퇴했고, 6월 1일 구속되었다. 김형욱 중정부장은 이 사건을 '조총련 자금 불법 유입에 의한 국회 침투 기도 사건'이라고 규정했다.[64] 이때부터 배동호와 곽동의 등이 조총련과 관계된 인물로 지목되었다.

그런데 이 사건이 7대 총선을 앞두고 나온 북풍몰이었다는 사실이 재판 과정에서 밝혀졌다. 1967년 11월 20일, 1심 재판부는 검찰의 공소 사실을 인정해서 김재화에게 징역 1년 6개월과 자격 정지 1년 6개월을 선고했다. 그런데 1969년 12월 10일, 2심 재판부는 국가보안법과 반공법 위반 혐의에 대해서 무죄를 선고했으며, 외환관리법 위반만을 적용하여 선고유예와 추징금을 부과했다. 그리고 1970년 8월 25일 대법원은 검찰의 상고를 기각하고 이를 확정했다. 결국 이 사건은 7대 총선을 앞둔 북풍몰이이자, 민단 출신의 거물급 인사가 야당 국회의원이 되어 민단 내부의 동요가 확산되는 것을 막고자 하는 이

---

64 『동아일보』 1967년 6월 3일.

중적인 목적에서 발생했던 것이다.[65]

이 사건은 두 가지 측면에서 역사적인 의미가 있다. 우선 1970년대부터 이어지는 재일 교포 공안 사건의 신호탄이라고 할 수 있다. 일본에는 조총련이 있어서 민단 민주화 세력을 북한과 연결시키기 쉬웠는데, 이때부터 이러한 정치 공작이 본격화되기 시작했다. 그리고 이 사건은 야당을 조총련과 관련된 공안 사건의 대상으로 했는데, 급진 변혁 세력이 아닌 제1야당을 공안 사건과 연결시켰다는 점에서 파장이 컸다. 김대중이 조총련과의 공동 행사 금지를 강조한 데에는 이와 같은 사건도 배경이 되었다.

다. 김대중이 선민주 후통일을 지지한 이유

그렇다면 김대중이 선민주 후통일을 주장한 근거는 무엇일까? 첫째, 실제 통일 추진을 위해서라도 한국의 민주화, 즉 선민주가 필수라고 보았기 때문이다. 김대중은 민주화 운동 시기 내내 민족적 양심을 가진 민주 정부만이 통일을 제대로 추진할 수 있다고 주장했다. 이는 남한과 북한 정권 모두를 의식한 것이었다. 먼저 김대중은 한국의 독재 정권은 통일을 추진할 양심과 의지가 없고, 통일을 정권 유지의 도구와 수단으로 이용하는 데에만 관심이 있다고 판단했다. 그래서 독재 정권은 호전적이고 다루기 까다로운 북한을 상대로 제대로 된 역할을 하기 어렵다고 보았다. 아울러 북한의 김일성이 적화통

65 『동아일보』 1967년 11월 20일, 1969년 12월 18일, 1970년 8월 25일과 김효순, 앞의 책, pp.213-214 참조.

일에 대한 욕심을 갖지 못하도록 해야만 평화 통일이 가능하다고 판단했으며, 이것이 가능하기 위해서는 한국의 민주화가 필수라고 생각했다. 한국이 민주화되어야만 자유 민주주의 체제의 장점을 최대한 살리면서 사회의 안정적 발전을 이룩할 수 있고, 공산주의가 침투할 여지가 없어진다고 확신했기 때문이다. 그래서 김대중은 민족적 양심을 가진 민주 정부의 수립, 즉 선민주가 통일의 선결 조건이라고 주장한 것이다.

둘째, 김대중이 선민주를 강조한 것은 민주주의를 가장 핵심적이고 근본적인 가치로 인식했기 때문이다. 김대중은 수단과 목적 양 측면 모두에서 민주주의를 강조했다. 그는 산업화와 근대화를 추진하는 데에 있어서도 민주주의적 수단으로 민주주의를 증진시키는 방식을 주장했다. 김대중이 박정희식 근대화를 비판한 이유도 추진 방식, 수단과 목적 등에서 민주주의가 부재했기 때문이다. 이와 같은 맥락에서 통일에 접근하는 것에서도 민주주의를 강조한 것이다. 통일은 민주적 방식, 민주적 수단으로 추진되어야 하고, 민주주의 발전에 기여할 수 있어야 한다는 것이 김대중의 기본 철학이었다. 이러한 논리에서 김대중은 선민주 후통일 노선을 강조했다.

5. 한민통의 성격: 조직과 활동 방향

(1) 조직

가. 김대중이 구상한 조직 체계

이근팔 기증 사료에는 한민통 발족 직전 조직 구성과 관련해서 김대중이 친필로 작성한 자료가 있다. 이 자료는 한민통 관련 김대중 구상의 내용과 성격을 이해하는 데 매우 중요한 의미가 있다. 김대중이 작성한 조직안은 '강령'과 '규약' 두 가지로 구성되어 있다. 강령은 3개 항목으로 구성되어 있으며, 규약은 3장(총칙, 회원, 기관 및 직능)과 9개 조로 구성되어 있다. 강령을 구체적으로 살펴보면 1항에는 '민주주의 회복'을, 2항에는 '민주, 자주, 평화의 원칙이 구현된 통일 실현'을, 3항에는 '해내외 동포의 단결과 행동'에 대한 내용을 언급하고 있다. 규약의 중요 내용을 보면 1장 총칙의 1조와 2조는 조직 명칭에 관한 내용이 들어가 있는데, 공란으로 되어 있다. 1973년 7월 6일 준비위원회 회의록을 보면 '한국민주회복통일촉진국민회의'라는 정식 명칭은 김대중이 제안한 것으로 나온다. 그렇게 볼 때 이 조직안 작성 시점에는 명칭을 확정하지 않았음을 알 수 있다.

규약 3조를 보면 "[본부 및 지부] 총본부는 서울에 두되 임시로 미국 와싱톤에 총본부를 둔다. 국내외의 각지에 지부를 둔다. 필요에 따라 국별로 본부를 둘 수 있다."라고 되어 있다. 제3장 기관 및 직능 부분에서 7조 기관의 종류와 관련하여 "본(本) □□[66]에 다음의 기관(機關)을 두며 그 직능(職能)은 다음 같다. 1. 총재 1명, 2. 최고위원회 7명 이내, 3. 지도위원회 30명 이내, 4. 집행위원회 100명 이내, 5. 정책위원회 20명 이내, 6. 운영위원회 약간 명, 7. 사무국, 8. 고문 약간 명, 9. 민주한국의 벗 위원회"라고 되어 있다. 이어서 8조에는 "총재는 본(本) □□를 대표하며 본(本) 회(會)의 업무를 통할한다. 총재 유고시는 총재가 지명한 최고위원 또는 최고위원회서 호선된 사람이 이를 대행한다."라고 되어 있다.

김대중이 작성한 강령과 규약에는 그가 구상한 한민통의 내용과 성격을 알 수 있는 중요한 사실들이 포함되어 있다. 먼저 김대중은 한민통을 해외 한인들만의 조직으로 구상한 것이 아니고, 국내와 국외를 함께 포괄하는 범국민적 성격의 조직으로 구성하려고 했음을 알 수 있다. 이는 김대중이 3월 30일 재미 한인 관계자들과의 회의 직전에 작성한 연설문 개요에 있는 "해외 활동의 중요성. 본무대는 본국. 국내외의 주체 협력 형성"과 일맥상통하는 것이다. 김대중은 망명 투쟁 과정 속에서도 이렇게 국내외를 연계한 운동을 모색하고 있었다. 그래서 총본부를 "서울에 두고 임시로 미국 워싱턴 D.C.에 둔다."라고 했다. 이는 김대중이 해외 한인 운동의 목적을 본국의 민주화에 두고 있음을 명확히 한 것이다.

이와 관련해서 미국 한민통의 경우 발족 당시에는 총본부로서의

---

66 이 글을 작성할 때까지는 조직명이 확정되지 않아 공란으로 되어 있다.

위상을 가지고 준비했던 것으로 보인다. 실제 미국에서는 발족 직후에는 미국본부(미주본부)라는 명칭을 잘 쓰지 않다가, 1974년 11월 김재준 의장 체제 이후부터 본격적으로 사용하기 시작했다. 이는 일본에서는 출범 직후부터 조직명을 '한민통 일본본부'라고 한 것과 비교된다. 재미 한인 운동가들은 김대중과 함께 준비위원회를 구성할 때 '총본부 = 미국본부(미주본부)'라는 인식을 하고 있었다고 볼 수 있다. 이는 김대중이 납치 테러 사건 발생 전까지는 하버드대학교에서 수학하는 등, 주로 미국에 있으면서 일본을 오가는 방식의 활동을 구상하고 있었다는 사실에서도 알 수 있다. 그러나 납치 테러 사건 이후 상당한 시간이 흘렀음에도 김대중의 원상회복이 사실상 불가능하게 되자 총본부로서의 위상을 확립할 수 없었기 때문에 미국본부(미주본부)라고 한 것으로 보인다. 그리고 4조 '회원의 자격' 부분에서 외국인이 준회원으로 가입이 가능하다고 했고, 7조 9항에 '민주 한국의 벗 위원회'를 둔다고 되어 있는 것을 보면 미국인과 일본인에게 참여의 문를 열어 둔 것으로 해석된다.

한편, 이 구성안에는 조직 체계에 대해서도 상세하게 나와 있다. 김대중은 한민통을 가능한 한 여러 나라에 구성할 것을 염두에 두고 있었고, 나라별로 구성된 조직을 총괄적으로 지도하는 의사 결정 체계를 두고자 했음을 확인할 수 있다. 총재가 최고 책임자이며, 최고위원회가 최고 의사 결정 조직이 된다. 최고 책임자를 총재라고 명명한 것에서도 짐작할 수 있듯이 김대중은 확고한 위계를 갖는 중앙 집권적인 조직 구성을 구상했다. 이렇게 되면 특정 나라에 세워지는 본부에 대한 관리 감독 체제를 갖출 수 있게 된다. 이는 나라별 여건과 특성에 따라서 중앙의 통제를 벗어날 가능성을 사전에 최대한 막을 수 있기 때문에 전체적인 리스크 관리 차원에서 효과적인 안이었다.

나. 김대중이 구상한 인선

위와 같은 조직안를 구상한 김대중은 해당 지위에 구체적인 인선까지 구상했다. 김대중이 작성한 내용은 한민통 총본부의 최고위원회와 지도위원회 명단이었다. 최고위원회가 총본부의 최고 의사 결정 조직이기 때문에 여기에 포함되는 인물들이 중요했다. 김대중이 작성한 명단을 보면 미국에서는 김상돈, 임창영, 전규홍, 최석남 등 6명, 일본에서는 배동호, 정재준 2명으로, 총 8명이다.[67] 김대중이 작성한 규약 7조를 보면 최고위원회를 7명 이내라고 했는데, 대략 비슷하다. 먼저 최고위원들의 특징을 보면 위에서 거론된 인물들 모두 김대중보다 나이가 많다. 그리고 조직 역량에 비해서 재미 한인의 수가 재일 한인에 비해서 훨씬 더 많다. 이는 두 가지 이유에서 생각해 볼 수 있다. 하나는 김대중이 미국을 중시했기 때문이고, 또 하나는 재미 한인 운동이 명망가들 위주로 이루어졌고 지역 및 도시별로 분산되어 있다는 것을 감안해서 운동 역량을 배분하기 위한 목적과 관련된 것으로 보인다.

김대중은 나라별 본부 책임자로 일본에서는 김재화, 미국에서는

67 1973년 7월 6일 한민통 준비위원회 발족식 전에 김대중이 작성한 메모, 연세대학교 김대중도서관.

안병국을 염두에 두고 있었다. 김대중은 1980년 김대중 내란 음모 사건으로 5월 17일 연행된 이후 조사를 받을 당시, 5월 25일 한민통 관련 건으로 작성한 진술서에서 "미국에 한민통 임시 총본부를 두고 그 산하에 미국 지부, 일본 지부, 캐나다 지부를 두고자 구상하였으며, 총본부 의장에는 본인이 앉고 미국 지부 의장은 안병국 목사, 일본 지부 의장에는 김재화 씨, 캐나다 지부 의장에는 이상철 목사(김재준 목사 사위)를 내심 지목하고 있었음."[68]이라고 밝히고 있다. 그런데 미국과 일본본부 의장인 안병국과 김재화는 최고위원회 명단에 빠져 있다. 이는 아마도 이들을 '고문'직에 염두에 두었기 때문인 것으로 보인다.

여기서 임창영은 최고위원회에 넣고, 안병국과 김재화를 제외한 것은 여러 의미가 있다. 김대중은 최고위원회를 형식적인 기구가 아니라 재미 한인과 재일 한인 운동의 대표성을 띤 실질적인 의사 결정 기구로 하려고 했음을 알 수 있다. 임창영은 운동 노선에 있어서 김대중과 이견을 갖고 있었기 때문에, 김대중은 임창영을 총재의 지도력하에 운영되는 최고위원회의 구성원이 되도록 해서 노선 갈등을 공식적인 의사 결정 조직 내에서 해결하려고 했던 것으로 보인다. 그리고 안병국과 김재화를 최고위원으로 할 수 있음에도 그러지 않은 이유도 최고위원회를 실질적인 의사 결정 기구가 되도록 하려는 김대중의 의도가 반영된 것이라고 추측된다. 안병국은 김대중 노선

68 연세대학교 김대중도서관 편, 『김대중 전집 II 제9권』, 연세대학교 대학출판문화원, 2019, p.204.

에 충실했던 인물이고, 김재화는 배동호와 정재준이 실질적인 리더[69]로서 재일 한인 운동을 이끌고 있던 것을 고려한 것으로 판단된다.

(2) 활동 방향

그렇다면 김대중은 한민통을 조직해서 무엇을 하려고 했을까? 민주회복과 통일촉진이라는 양대 목표 실현을 위해서 김대중이 구체적으로 하려고 한 실천은 무엇이었을까? 이것을 그의 민주화 이행 전략과 1차 망명 시기 활동을 통해서 살펴보고자 한다.

가. 미국과 일본의 대한 정책 전환 유도

김대중이 망명 투쟁 과정에서 전략적으로 가장 중요시한 부분은 독재 정권을 지지하는 미국과 일본의 대한 정책 전환이었으며, 이 중에서도 미국의 정책 전환을 핵심으로 인식했다. 김대중은 미국이 반공을 이유로 한국의 독재 정권을 지지하는 것은 이 지역에서 미국이 추구하는 두 가지 전략적 목표(한국은 반공의 보루가 되어야 하고, 미중 화해에서 보듯 동북아 지역의 평화적 관리) 실현에 오히려 부정적인 영향을 준다고 강조했다. 김대중은 한국의 독재는 겉으로는 반공을 내세우지만 사회 불안을 조성해서 공산주의 침투에 취약하

---

69 2010년 12월 31일 정재준이 사망했을 때, 한통련(한민통 일본본부의 후신) 의장 손형근이 쓴 추도문에 "1973년 한민통이 결성된 것은 그가 사재를 모두 털어서라도 한다는 중대한 결심이 있었기에 가능했다.", "배동호에게서 애국을 배웠다면, 정재준에게는 정의를 배웠다."라고 할 정도로 배동호와 정재준을 비슷한 반열에서 평가하고 있다. 김효순, 앞의 책, pp.240-241.

고, 이는 북한 공산주의 세력의 호전성을 자극해서 동북아 지역의 불안 요인이 된다는 논리로 미국과 일본의 주요 인사들에게 한국 민주화의 필요성을 설득했다.

당시 한국의 민주 진영은 계엄령 선포와 함께 시작된 유신 정권의 철권통치로 인해 크게 억눌려 있어서 자신의 입장을 공론장에 제대로 내놓기도 어려웠다. 그래서 국내에서 이들의 견해가 발신되어 해외에 알려지는 것은 어려운 일이었다. 이러한 상황에서 유신 정권은 해외에서 비판적인 여론이 나오지 않도록 여러모로 신경을 썼다. 김대중은 유신 정권의 이러한 점을 공격해서 해외에서 반유신 여론이 조성되도록 하고 한국의 민주화가 미국, 일본의 가치와 이익에 부합한다는 점을 설득하려고 했다.

김대중은 망명 이전부터 해외 거주 한인들이 각국의 주요 인사들을 상대로 한국의 민주화가 필요한 이유를 알리는 일이 중요하다는 사실을 강조했다. 한 예로 김대중은 1971년 미국을 방문했을 때 미국에서 교포를 상대로 한 신문을 만들어도 미국 정치의 중심 워싱턴 D.C.에 기반을 두고 만드는 것이 필요하다는 내용의 조언을 하기도 했다.[70] 이와 같은 맥락에서 김대중은 한민통 준비위원회 연설에서도 미국 관료와 정치인들을 상대로 한 적극적인 의사 표시의 중요성을 강조했다[71]. 그리고 일본에서는 일본어로 된 신문을 만들어서 일본의

---

70 정기용, 앞의 책, pp.42-43.

71 연세대학교 김대중도서관 편, 『김대중 전집 II 제7권』, 연세대학교 대학출판문화원, 2019, pp.243-245.

주요 인사들에게 배포하려고 했다.[72]

이와 함께 김대중은 한국 민주화와 통일 분위기 조성을 위한 국제적인 담론 형성이 필요하다고 보았고, 이를 위해서 개인 연구소를 만들었다. 김대중은 1973년 3월 25일 미국으로 돌아온 이후 개인 연구소인 동아세아문제연구소(Center For East Asian Studies)를 설립해서 이근팔 등 2명의 상근자를 두었다. 동아세아문제연구소는 일본에서도 만들어 사무실을 개설했다.[73] 연구소를 설립한 지 3개월여 뒤인 6월 말에서 7월 초경에 연구소 명칭을 한국민주제도통일문제연구소(Korean Institute for Democrarcy and Unificatiom)로 변경[74] 했다. 이는 김대중의 개인 연구소이므로 해외 한인 운동 조직을 만드는 것처럼 여러 논의를 거칠 필요가 없었기 때문에 설립 과정은 일사천리로 진행되었다. 김대중은 연구소 운영을 위한 재정의 경우 기본적인 운영비는 해외 한인들로부터 마련하려고 생각했던 것으로 판단된다. 이 연구소가 미국과 일본에서 제대로 착근할 때까지는 외부의 후원이 절대적으로 필요했기 때문이다.

나. 국내와의 연계 투쟁

김대중은 한민통을 민주화와 평화 통일을 지향하는 국내외 한인들의 총연합 조직으로 구상했었다. 이는 선언적인 차원에서 제시된

---

72 정경모, 『시대의 불침번』, 한겨레출판, 2010, pp.206-207.

73 조갑제 외, 앞의 책, p.108.

74 연세대학교 김대중도서관 편, 『김대중 전집 II 제7권』, 연세대학교 대학출판문화원, 2019, p.242.

것만이 아니라, 실제 활동 방향을 내포한 실천적인 규정이었다고 할 수 있다. 김대중은 한민통 발족 이전에 이미 국내에 있던 함석헌 선생, 김지하 시인, 박형규 목사 등 당시 명망 있는 재야 인사들과 비밀리에 서신 교환을 했었다. 당시 전화는 도청이 되고 있었기 때문에 내밀한 이야기를 할 수 없었고, 통화 사실이 알려지는 것만으로도 국내 인사들에게는 여러 피해가 발생할 수 있었다. 또한 우편을 통한 경우 당국으로부터 검열을 당할 수 있었다. 그래서 가능한 유일한 방법은 인편, 그것도 국내 인사가 아닌 외국인이 직접 연결해 주는 것이었다. 아무리 독재 정권이라고 해도 외국인을 마음대로 수색할 수는 없었기 때문이다. 이러한 과정을 통해서 현재 국내 민주 인사들이 1차 망명 시기 김대중에게 보낸 편지 중 남아 있는 것은 함석헌 2통(1973년 5월 29일과 6월 14일), 김지하 1통(1973년 6월 4일), 박형규 1통(1973년 6월 12일) 등 총 4통이다.

당시 김대중이 이들에게 보낸 편지는 남아 있지 않아서 정확한 내용을 확인하기는 어려우나, 이들이 김대중에게 보낸 편지를 보면 내용을 추정할 수 있는 몇 가지 단서가 있다. 우선 김대중은 이들에게 편지와 함께 약간의 활동비를 보냈다. 당시 김대중은 한민통 조직이 구성되기 전이어서 미국에서는 처남인 이성호, 일본에서는 친구 김종충이 마련한 활동비로 근근히 생활할 정도로 재정적인 여력이 없었다. 그럼에도 이렇게 지원한 것은 상당히 큰 뜻이 담겨 있다고 볼 수 있다. 편지에는 김대중이 미국과 일본의 여론과 자신의 활동 상황에 대해서 설명하고, 국내 분위기에 대해 물어보는, 대략 그 정도의 내용이 담겨 있었을 것으로 판단된다.

이에 대해서 함석헌, 박형규 등은 국내의 절망적인 분위기에 관한 내용을 주로 편지에 썼다. 그런데 김지하는 이들과 달리 반유신 운동에 대한 자신의 의지와 구상을 밝히는 내용을 썼다. 김지하는 1973년 5월 20일에 발표된 한국 그리스도인 선언이 '본격적인 반박 운동의 신호탄'이라고 평가하면서, "최소한 올가을 유엔총회 전후한 시기엔 군중 행동의 제1파를 일으킬 작정입니다. 힘이 닿는 한 각계층의 연합을 시도할 것입니다. 그쪽에서의 행동도 타이밍을 맞추는 것이 필요합니다."라고 썼다. 이는 민중 시위가 나올 수 있도록 자신이 역할을 하겠다는 의지를 밝힌 것이다. 매우 엄격한 통제와 억압이 이루어지던 유신 정권 시절, 민중 시위 조직은 매우 어려운 일이었다. 그러므로 이 편지에서 김지하는 매우 강한 의지를 밝힌 것이다.

김지하는 이 편지에서 김대중의 구상과 비슷한 맥락에서 자신의 활동을 설명하고 강조했다. 김지하는 '그쪽에서의 행동도 타이밍을 맞추는 것이 필요합니다.'라고 했는데, 이처럼 자신의 활동을 김대중의 망명 활동과 연계하고 있다. 이는 국내외 연합 투쟁을 모색한 김대중의 민주화 이행 전략과도 일맥상통하는 부분이다. 또한 김지하는 '각 계층의 연합'이라는 표현을 썼는데, 이는 민주화 운동 시기 김대중이 강조한 반독재 민주화를 위한 '총연합노선', '국민민주혁명론'과 궤를 같이한다. 김대중은 1974년 11월 27일 민주회복국민회의 발족을 위한 민주회복국민선언대회에 참석하여 "나라의 각계각층의 민주주의를 원하는 국민을 총체적으로 대표하는 선배 친우 여러분께서 이 자리에 모여서 하나의 단일 전선을 단일 조직체를 형성하게 되었다는 것은, 이것은 실로 중대한 전환점이요, 막중한 의의가 있는 것이라고 생각이 됩니다."[75]라고 말했다. 그리고 얼마 뒤, 『동아일보』와의 신년 인터뷰에서 민주회복국민선언을 통해 민주 세력의 범위가 넓어졌다는 진단하에 '국민적 민주혁명'이라는 개념을 제시했다.[76]

이러한 내용을 종합적으로 살펴보면, 유신 체제에 반대하는 광범위한 연대를 추구한 김대중은 한민통을 국내외를 포괄하는 조직으로 규정했고, 당장은 해외에 기반을 두고 있지만 국내 민주 인사들과의 소통을 이어 가면서 장차 공동 투쟁의 가능성을 열어 두려고 했음을 알 수 있다. 그래서 김대중이 납치 테러 사건을 당하지 않았다면 한민통과, 1974년 발족한 국내 기반의 민주회복국민회의와 같은 성격의 조직과 함께 반유신 민주화를 위한 공동 투쟁을 전개했을 것으로 판단된다.

---

75 연세대학교 김대중도서관 편, 『김대중 전집 II 제8권』, 연세대학교 대학출판문화원, 2019, p.26.

76 『동아일보』 1975년 1월 1일.

6. 납치 사건 이후 한민통의 변화 방향

(1) 조직 체계 변화

가. 김대중 납치 테러 사건 직후

1973년 8월 8일 일본 도쿄에서 발생한 김대중 납치 테러 사건은 한민통 활동에 엄청난 영향을 주었다. 우선 김대중은 한민통 총본부의 최고책임자(총재 혹은 의장)로 활동하려고 했으나 그럴 수 없게 되었다. 한민통 결성은 김대중이 있어서 가능했기 때문에, 그가 리더십을 발휘할 수 없는 상황은 상상하기 힘들었다. 다만, 김대중이 구사일생 끝에 살아 돌아옴으로써, 그의 원상 복귀에 대한 기대감이 있었다. 또한 미국과 일본에서 한민통 구성을 위한 대원칙에 이미 합의한 상태였기 때문에, 미국과 일본의 한인 운동가들은 모두 한민통을 공식 발족하기로 했다. 먼저, 일본 한민통이 8월 13일 발기 대회와 8월 15일 선언 대회를 통해 공식 출범했고, 이어서 미국 한민통이 8월 19일 공식 출범했다. 미국과 일본의 한인 운동가들은 모두 김대중을 의장으로 선출했는데, 김대중이 국내에 있는 것을 감안해서 의장 대행 체제로 운영하기로 했다. 따라서 미국에서는 안병국이, 일본에서는 김재화가 각각 의장 대행을 맡았다. 이때 미국과 일본에서 모두 김대중을 의장으로 선출한 것은 김대중이 다시 돌아와야 한다는 그들의 의지와 희망이 반영된 것이었다.

김대중 납치 테러 사건은 해외 한인 운동 조직 구성에도 영향을 주었다. 납치 테러 사건 발생 후 김대중 구명과 구출을 위한 목적에서 미국에서는 '한미시민위원회', 일본에서는 '김대중선생구출대책위원회'가 구성되었다. 미국에서는 미국인의 참여까지 고려한 조직이었고, 일본에서는 한민통 일본본부 내에서 특별하게 구성된 조직이었다. 한민통이 있는 상황에서 일부러 조직을 따로 구성한 것은 김대중 납치 테러 사건에 역량을 집중하겠다는, 해외 한인 운동가들의 의지가 반영된 결과였다. 해외 한인 운동가들은 이 사건이 국제적인 관심을 받고 있고, 유신 체제의 폭력성을 극명하게 보여 줄 수 있기 때문에 이 사안에 집중했다. 구체적인 요구 사항은 사건의 진상 규명, 책임자 처벌, 김대중의 원상 복귀 및 인권 회복 등이었다.

이 사건은 해외 한인 운동에 엄청난 영향을 주었다. 사건이 발생한 일본에서는 유신 정권에 대한 분노가 크게 확산되어서 납치 테러 사건뿐만 아니라 유신 정권의 반민주 인권 유린 행태 전반을 운동의 대상으로 삼게 되었다. 유신 정권을 상대로 한 전면전을 선택한 것이다. 그리고 납치 테러 사건 이후에도 김대중에 대한 탄압이 지속되면서 재일 한인들의 분노는 더해 갔고, 이는 한민통 일본본부의 조직력이 강화되는 배경이 되었다.

그러나 미국에서의 상황은 달랐다. 김대중과 결합하기 전부터 막강한 조직력을 갖고 있던 재일 한인 운동과 달리, 재미 한인들이 참여한 미국 한민통은 김대중의 부재에 의한 조직력 강화가 매우 큰 과제로 남게 되었다. 그래서 재미 한인 운동가들은 한인 사회 내 교회, 동창회, 학생회 등을 상대로 한 조직화 사업을 시도했다[77]. 하지만 미국에서는 그전에 체계적이고 대규모 조직을 구성한 적이 없었고, 이를 새롭게 가능하게 할 리더십 역량이 없었다. 따라서 김대중의 부재는 미국 한민통 조직 강화에 큰 한계 요인으로 작용했다. 김대중은 미국 한민통의 운동 역량이 강하지 못한 것을 걱정했다. 1975년 12월 21일 김대중이 일본에 있는 김종충에게 보낸 편지를 보면 미국 한민통의 역량 강화를 위해서 일본에서 협조해 줄 것을 당부할 정도였다.[78]

나. 김대중 원상 복귀 무산과 한민통의 변화

김대중 납치 테러 사건을 제대로 해결하기 위해서는 진상 규명과 그에 따른 조치, 김대중에 대한 인권 회복 등이 이루어져야 했다. 그런데 이것을 제대로 하게 되면 유신 정권 유지가 힘들어질 수 있었고, 일본 정부는 사건 전개 과정에서 발생한 여러 이슈에 대해서 큰 부담을 느꼈다. 이러한 양국 정부의 이해관계가 일치하면서 1973년 11월 1차 정치 결착, 1975년 7월 2차 정치 결착으로 이 사건에 대한 진상 규명을 제대로 하지 않고, 김대중에 대한 인권 회복 조치도 하지 않은 채 봉합해 버렸다.

특히 1974년 6월 과거 선거법 위반 사건과 관련해서 김대중에 대

---

77 1974년 1월 14일, 미국 한민통 의장단 회의록 논의 사항 참조, 연세대학교 김대중도서관.

78 연세대학교 김대중도서관 편, 『김대중 전집 II 제8권』, 연세대학교 대학출판문화원, 2019, p.202.

한 재판이 재개되면서 김대중의 출국, 즉 원상 복귀는 어려운 상황으로 전개되고 있었다. 김대중이 해외에 나가면 납치 테러 사건에 대한 국제적인 관심이 다시 크게 고조될 것이 뻔하기 때문에 한일 양국 정부 모두 이것을 꺼렸다. 그런 와중에 1974년 8월 문세광 사건이 발생하자 김대중의 출국은 불가능한 상황으로 치달았다. 유신 정권은 이 사건을 계기로 한민통 일본본부에 대한 색깔론 공세를 강력하게 펼쳤고, 한민통 일본본부는 이에 맞대응을 강화하는 등 양측의 강대강 대치가 심화되었다. 결국 김대중의 출국이 불가능해지고 말았다.

김대중의 출국이 불가능해지면서 이 상황에 맞게 조직을 재정비할 필요성이 대두되었다. 그런데 이에 대한 미국 한민통과 일본 한민통의 대응이 달랐다. 먼저, 미국에서는 1974년 11월에 총회를 개최해서 헌장을 개정[79]하고 의장도 교체했다. 의장 선거에서 김재준과 임창영이 치열하게 경쟁했고, 결국 김재준이 당선되었다. 김재준의 출마는 김대중과의 사전 교감 속에서 이루어졌다. 김대중은 김재준이 미국으로 가기 전에 자신이 해외에 가기 어려운 상황임을 설명하고 김재준의 역할을 특별히 당부한 바 있었다.[80] 김재준은 명망 있고 존경받는 민주 인사였으며, 그의 여러 경력을 감안했을 때 독재 정권도 그를 용공음해하기 힘들었다. 김대중이 이러한 점을 감안한 것으로 판단된다. 이러한 과정을 거쳐서 새롭게 의장이 된 김재준은 미국 한

---

79 이근팔이 1975년 2월 12일 작성한 편지를 보면, 1974년 11월 23일 총회에서 채택한 것은 개정안임을 알 수 있다. 연세대학교 김대중도서관.

80 「김대중 구술사 인터뷰 제17차」, 2007년 1월 13일, 연세대학교 김대중도서관.

민통이 김대중 노선에 충실하도록 지도력을 발휘했다.

또한 헌장 개정안을 보면 김대중이 1차 망명기에 구상한 안에서 변화되었음을 알 수 있다. 개정안에는 한민통을 "재미 한국인의 비영리단체"이며, "본부는 미국 화부(워싱턴 D.C.)에 둔다."라고 되어 있다. 이는 김대중이 한민통을 국내외를 포괄하는 조직으로 규정하고, 총본부를 서울에 두고 임시로 워싱턴 D.C.에 둔다고 한 것에서 크게 달라진 것이다. 그리고 이때부터 한민통 미국본부(미주본부)라는 표현이 본격적으로 사용된다.[81] 재미 한인 운동가들이 미국 한민통을 한민통 총본부가 아닌 재미 한인들의 조직으로 제한적으로 인식하기 시작했음을 보여 준다. 이처럼 미국은 의장 교체와 헌장 개정을 통해서 김대중 부재 상황에 맞는 조직의 체계를 재구성하게 되었다.

그런데 일본은 미국과 달랐다. 우선 일본은 의장을 교체하지 않았다. 김대중은 1973년 11월 초 일본 기자들로부터 한민통 일본본부 의

---

81 1974년 11월 총회 이전에 생성된 한민통에 관한 문건은 많지 않다. 당시 핵심 이슈인 납치사건과 관련된 내용을 담은 문서가 대부분 '한미시민위원회' 명의로 작성되어 있기 때문이다. 미국인의 참여가 갖는 대외적인 영향력을 고려해서 이 명칭을 주로 사용한 것으로 보인다. 다만, 1973년 7월 6일 준비위원회 구성, 8월 19일 발족 당시 회의 자료, 그 이후 한민통 명의의 서신 등에는 모두 미국본부(미주본부)라는 표현이 없다. 그리고 1974년 11월에 채택된 헌장 개정안 관련 자료를 보면 미국본부(미주본부)라는 표현이 1974년 11월 총회 이후부터 사용되기 시작하면서 정착된 것임을 알 수 있다. 이근팔 기증 자료에는 총회 직전과 그 즈음에 작성된 헌장 개정안 초안, 1975년 하반기 경에 작성된 것으로 보이는 개정된 헌장을 정리한 문건 등이 모두 남아 있다. 이 자료를 보면 1974년 11월 즈음에는 미국본부(미주본부)라는 표현이 없는데, 1975년 하반기 문건에는 문건 제목부터 '한국민주회복통일촉진국민회의 미주본부 헌장'이라고 되어 있다. 이것을 감안하면 미국본부(미주본부)라는 표현은 김재준 의장 체제가 수립된 1974년 11월 이후부터 사용되고, 정착된 것으로 판단된다.

장에 추대되었다는 사실을 전해 듣고, 1974년 2월 일본 기자를 통해 김종충에게 의장 교체에 대한 의사를 밝혔다. 그리고 1974년 10월 초 IPU 총회 참석차 일본을 방문한 송원영, 김녹영 두 의원에게 김종충을 만나서 의장 교체 의사를 다시 전달했고, 김종충은 재일 운동가들이 김대중 구출 운동에 전념하고 있기 때문에 당장 빼는 것은 어렵고 적절한 시점에 그렇게 하겠다고 회신했다[82]. 그 이후 1975년 6월 21일 인편으로 비밀리에 김종충에게 보낸 편지에서도 의장 교체에 대한 의견을 전했다[83]. 그리고 김대중이 김종충에게 보낸 메모 중에서 날짜 미상이나, 1974년 또는 1975년에 작성된 것으로 추정되는 것이 있는데 이 메모들에서도 의장 교체에 대한 의사를 밝히고 있다.[84] 전화는 도청이 이뤄지기 때문에 이렇게 인편으로 의장 교체에 대한 의사를 전했다.

그렇다면 김대중의 의사는 왜 반영되지 않았을까? 현재까지 확인된 자료를 종합적으로 검토해 봤을 때 가장 유력한 이유는 재일 한인 운동가들이 김대중 납치 테러 사건이 제대로 해결되지 않은 것을 비상 상황으로 인식하고, 조직 자체를 비상 체제로 가동하겠다는 생각을 하고 있었기 때문이다. 납치 테러 사건 직후 구성된 미국의 한

---

82 김대중은 1980년 5월 17일 내란 음모 사건으로 연행된 이후, 5월 25일 1차 망명 시기 활동과 한민통 등에 관한 진술서를 작성했다. 이때 한민통 일본본부 의장에 관한 내용은 6~10항에 있다. 진술서에 일본 기자를 통한 전달은 7항에 있고 송원영, 김녹영 의원을 통한 전달은 8항에 있다. 이 중 진술서 8항에는 '1974년 8~9월경'이라고 되어 있는데, 이 시기에 두 의원이 실제 일본을 방문한 것은 10월 초다. 이 내용은 연세대학교 김대중도서관 편, 『김대중 전집 II 제9권』, 연세대학교 대학출판문화원, 2019, pp.206-207 참조.

83 연세대학교 김대중도서관 편, 『김대중 전집 II 제8권』, 연세대학교 대학출판문화원, 2019, p.164.

84 연세대학교 김대중도서관 편, 위의 책, p.624.

미시민위원회는 1974년에서 1975년 사이에 활동을 종료한 것으로 보이는데, 이와 달리 일본의 김대중구출위원회는 적극적으로 활동을 이어 갔다. 이와 같은 분위기와 정서는 김대중 의장 문제와도 연결된다. 배동호는 한민통 결성 15주년을 맞이해서 진행한 대담에서 "우리의 독자적인 판단으로 의장으로 모시고 있었습니다."[85]라고 말했는데, 이는 비상 상황에 대한 대응 전략으로 김대중을 재일 한인 운동의 구심점이자 상징으로 내세웠다는 것을 의미한다.

이처럼 한민통 일본본부는 출범 직후부터 김대중 납치 테러 사건으로 유신 정권과 매우 날카롭게 충돌했고, 이는 일본 한민통 운동의 핵심 동력이 되었다. 그렇게 볼 때 1974~1975년에 김종충이 김대중의 의사를 전하긴 했겠지만, 이를 강력하게 제기하지는 못했을 가능성이 상당하다. 그러다가 1976년 3. 1 사건으로 김대중이 또다시 구속되면서 투옥되자 의장 교체건이 진지하게 논의되지 못했던 것으로 보인다. 이러한 배경 속에서 한민통 일본본부는 1980년 제8차 한민통 임시 중앙위원회에서 김재화를 새로운 의장으로 추대할 때까지 계속해서 김대중을 의장으로 했다.[86]

---

85 이종수와 배동호가 한민통 일본본부 결성 15주년을 맞이해서 진행한 대담을 정리한 문건 9쪽, 1988년 7월 14, 민주화운동기념사업회 오픈 아카이브 (https://archives.kdemo.or.kr/common/gallery-view2)

86 조기은, 「민단계 재일조선인의 한국민주화운동」, 『한국학연구』 75, 2020, p.145.

(2) 노선: 유지와 변화의 양상

가. 미국과 일본에서의 상황

김대중 납치 테러 사건 이후 김대중의 부재가 장기화되자 결성 준비 과정에서 발생했던 노선 갈등 문제가 다시 불거졌다. 노선과 관련된 논의 과정을 보면 대한민국 절대 지지 원칙의 경우 해외 한인 운동가들과 김대중 사이에 이견 없이 정리되었다. 그런데 민주화와 통일에 대한 인식과 접근 전략의 경우 앞의 경우와 좀 달라서, 김대중의 원칙인 선민주 후통일로 정리된 것은 양측 사이의 이견 해소 결과라기보다는 우선 한민통을 발족시키는 것이 당면 과제이기 때문에 해외 한인 운동가들이 자신들의 입장을 내려놓고 김대중 노선을 존중하기로 한 결과였다. 따라서 양측 사이의 이견은 언제든지 재연될 수 있었는데, 납치 테러 사건으로 김대중 리더십이 부재하게 되자 이 문제가 결국 현실화되었다. 그런데 이 문제가 전개된 양상은 미국과 일본에서 달랐다.

먼저 재미 한인 사회를 보면 급진 민족주의 성향의 선통일 후민주론자들은 1974년 11월 한민통 총회에서 임창영을 당선시키기 위해서 노력했지만 실패하고 김재준이 당선되자 미국 한민통에서 이탈했다. 재미 한인 운동을 보면 위계가 존재하는 체계적인 조직을 구성한 적이 없고, 뜻있는 사람들의 느슨한 연합체 성격이 강해서 분화가 쉬웠다. 이렇게 분화되어 갔지만 선통일 후민주론의 대표적인 인물인 임창영은 장면 정부에서 고위직을 역임하기도 했기 때문에 김대중은 이들의 동향에 대해서 우려했다. 김대중은 1975년 12월 7일 미국에 있는 처남 이성호에게 보낸 편지에서 "뉴욕에 임창영 박사 중심 세력이 아무래도 잘못되어 가는 것 같아서 걱정이네."[87]라고 썼는데, 그만큼 김대중은 선통일론에 대한 비판적인 생각을 갖고 있었다.

그런데 일본은 미국과 상황이 달랐다. 일본의 주요 운동가들은 김대중과 결합하기 전부터 자신들의 운동 노선과 목표 등에 있어 구체적이고 정리된 입장을 갖고 있었다. 그 대표적인 인물이 배동호였다. 그렇다 보니 구체적인 내용까지 들어가면 양측은 섬세하게 논의해서 합의해야 할 사안들이 많았다. 특히 김대중이 재일 한인 운동가들에게 제시한 3대 원칙(대한민국 절대 지지, 선민주 후통일, 조총련과의 공동 행사 금지)에 대한 논의 과정에서 조총련과의 공동 행사 금지가 관철되는 데에 상당한 시간이 소요되었다. 그래서 후속 논의를 진행하던 중 김대중이 납치 테러를 당해서 양측은 세부적인 정강 정책 등에 대해서는 합의하지 못했다. 이는 배동호가 "13일 결성 대회를 앞두고 강령 등 기타 작업을 한창 서두를 때 8일에 김대중 선생은 납치되었습니다."라고 말한 것에서 확인할 수 있다.[88]

8월 13일 한민통 발기 대회를 할 때 정강 정책이 나왔다. 김대중이 최종 승인을 하지 않았지만 배동호를 중심으로 한 재일 한인 운

---

87 연세대학교 김대중도서관 편, 『김대중 전집 II 제8권』, 연세대학교 대학출판문화원, 2019, p.189.

88 민주화운동기념사업회 오픈 아카이브, 이종수와 배동호 대담을 정리한 문건 8쪽, 1988년 7월 14.
(https://archives.kdemo.or.kr/common/gallery-view2),. 이 문건은 대담 내용을 녹취해서 작성한 후 1차 확인 작업 정도까지 한 상태로 되어 있어서 오기 등이 발견된다. 김대중이 납치당한 것은 8일인데 문건에는 9일이라고 적혀 있어서, 이 부분은 수정했다.

동가들은 김대중의 각종 연설, 인터뷰, 기고문 등의 내용을 기반으로, 여기에 재일 한인 운동가들의 생각을 일부 더해서 이 정강 정책을 만들었다고 볼 수 있다. 김대중은 1980년 신군부로부터 조사받을 때 8월 13일 발기 대회에서 발표된 한민통의 발기 선언문과 정강 정책 등에 관한 내용을 접하고 "전반적인 내용은 자신이 일본에서 주장했던 내용을 반영하고 있으나, 완결된 문장 형태로 작성되기 전에 납치된 관계로 몇 가지 부분에 있어 자신의 의도와 다른 것이 있다."라고 하면서, 단적인 예로 강령 9항에는 "한반도를 중립화하고 남북 연방제에 의한 점진적 통일을 실현한다."라고 되어 있는데, 이를 "유엔 동시 가입과 완만한 남북 연방제에 의한 점진적 통일을 실현한다."로 수정해야 한다고 말했다[89]. 실제 1차 망명 시기 김대중의 언급을 보면 김대중의 이 진술은 사실에 부합한다. 그렇게 보면 중립화 등은 당시 재일 한인 운동가들의 인식이 반영된 표현임을 알 수 있다. 이처럼 독자적인 입장을 갖고 있던 재일 한인 운동가들은 김대중이 부재한 상황에서 자신들의 노선에 따른 각종 운동을 전개하게 되었다.

나. 김대중의 우려와 유신 정권의 공세

납치 테러 사건 이후 국내에 있던 김대중은 기회가 닿을 때마다 인편으로 몰래 미국과 일본에 편지를 보내서 한민통 활동에 대한 자신의 의견을 밝혔다. 당시 김대중은 미국 한민통에 대해서는 노선을

89 조갑제 외, 앞의 책, p.111.

걱정하지 않았지만 조직 역량을 걱정했다고 볼 수 있으며, 일본 한민통에 대해서는 조직 역량을 걱정하지 않았지만 노선을 걱정했다고 볼 수 있다. 미국 한민통에 대한 김대중의 감정이 아쉬움이었다면, 일본 한민통에 대한 감정은 불안함이었다. 김대중은 유신 정권이 일본 한민통을 용공 세력으로 낙인 찍으면서, 자신에 대한 공격까지 하고 있다는 사실을 크게 우려했다. 김대중이 1975년 12월 21일 김종충에게 보낸 편지에는 다음과 같은 내용이 있다.

> 제가 일본 있을 때 누누히 말한 대로 한민통은 대한민국의 입장을 뚜렷이 하고 공산주의와의 일선(一線)을 명백히 그어 가는 자세를 언제나 견지해 나가야 합니다. 물론 지금도 이 점 유의하고 계신 줄 아오나, 지난번 검사논고에서도 나온 바와 같이 우리를 언제나 그러한 방향으로 몰려고 한다는 것을 알아야 합니다. 이번 실형 언도를 보면 우리가 지금 얼마나 위험 속에 살고 있다는 것을 알 수 있을 것입니다. 만일 본의 아니게라도 일본서의 노력이 반대한민국으로 국민에게 낙인 찍이면 모처럼의 애쓴 것이 역(逆)으로 되어 버릴 것입니다. … 제가 너무 자주 이런 말을 해서 혹 짜증스러울는지 모르오나 이 점은 우리의 예측에서 보나 실제 현실에서 보나 너무도 중요하기 때문에 또 위험성이 지대하기 때문에 거듭 강조합니다. 지금 저들은 여기서 한민통을 완전히 용공 세력으로 몰고 있는 것입니다. 참고해 주십시요.[90]

---

90 연세대학교 김대중도서관 편, 『김대중 전집 II 제8권』, 연세대학교 대학출판문화원, 2019, pp.200-201.

이 편지에 “너무 자주 이런 말을 해서 혹 짜증스러울는지 모르오나”라는 표현이 나오듯이, 김대중은 그전부터 한민통 일본본부 노선에 대한 우려를 지속적으로 전했다. 김대중이 이토록 이 문제를 강조한 것은 유신 정권이 한민통 일본본부를 용공 세력으로 몰아가면서 공세를 강화했기 때문이다. 박정희 정권과 재일 한인 민주 세력은 1960년대부터 대립했으며, 1973년 이들이 김대중과 함께 한민통 일본본부를 결성하면서 양측은 돌이킬 수 없는 관계가 되었다. 그리고 유신 정권은 1974년 문세광 사건 이후 한민통 일본본부를 사실상 친북 좌익 용공 세력으로 몰아갔다. 여기에서 더 나아가서 유신 정권은 한민통과 관련해서 김대중에 대한 용공 음해를 시작했다. 이는 김대중의 해외 출국(원상 복귀)을 막기 위한 목적으로 재개한 김대중의 선거법 위반 관련 재판 과정에서 확인된다.

김대중은 1967년 8월 1일과 9월 6일에 대통령 및 국회의원 선거법 중 32개 항목을 위반한 혐의로 각각 기소되었는데, 이 사건에 대한 심리는 1970년 8월 31일 5차 공판 이후 중단된 바 있다. 그런데 1974년 6월 1일 서울형사지법의 출석요구서가 발부되면서 심리가 재개되었고, 1975년 12월 13일 서울형사지법은 김대중에게 금고 1년의 실형을 선고했다. 김대중은 12월 18일 서울고법에 항소했다. 유신 정권은 이 재판 전개 과정에서 한민통 관련한 김대중의 1차 망명 활동을 문제 삼았다. 당시 유신 정권의 태도는 김대중이 1976년 2월 3일 검사의 항소 이유에 대하여 작성한 답변(제출은 2월 4일)에서 알 수 있다.

먼저, 김대중은 검찰의 주장을 법적인 근거를 통해서 반박하고 있다. 그리고 검찰이 1971년 대선 때의 자신의 공약과 1차 망명 활동에 대해 근거 없는 색깔론을 제기하고 있다고 지적하면서 강하게 비판했다.[91] 김대중의 답변서를 보면 선거법 위반에 대해 법리적인 대응을 하는 부분보다 색깔론의 문제점을 지적하는 부분이 훨씬 더 많다. 그만큼 당시 유신 정권은 김대중에 대한 용공 음해에 혈안이 되어 있었다. 김대중은 이를 직접 경험하면서 일본 한민통 활동에 대해서 더욱 걱정하게 되었다.

김대중의 우려는 현실로 나타났다. 유신 정권은 1977년 5월 28일 간첩 윤효동이 5월 1일 자수했다고 밝혔다. 윤효동은 '한민통 일본본부'와 '김대중구출위원회' 등이 실제로는 반한 단체이며, 간첩 조직이라고 주장했다.[92] 이러한 배경에서 서울지법은 1977년 10월 29일 재일 교포 유학생 간첩 사건에 대한 판결에서 한민통 간부로부터 지령을 받아 간첩 활동을 했다는 혐의로 피고인 김정사에게 무기 징역을 선고했다. 그전까지는 정부가 정책적으로 한민통을 반국가 단체로 규정했었는데, 사법부가 이때 이 사실을 처음으로 인정해 준 것이다.[93] 그리고 1978년 6월 대법원 판결에서도 이 사실을 인정하여 김정사에 대한 2심 형량인 징역 10년 형을 확정했다.[94] 이것으로 한민통

---

91 연세대학교 김대중도서관 편, 위의 책, pp.206-211.

92 『경향신문』, 1977년 5월 28일.

93 『경향신문』, 1977년 10월 29일; 『조선일보』, 1977년 10월 30일.

94 『경향신문』, 1978년 6월 19일.

구성원이라는 이유로 정치적인 공세를 넘어서, 법적 처벌을 할 수 있는 근거가 마련된 것이다. 결국 이러한 맥락에서 김대중은 1980년 신군부가 조작한 내란 음모 사건에서 반국가 단체인 한민통의 의장이라는 이유로 사형 선고를 받게 된 것이다.

7. 결론

김대중의 1차 망명 투쟁은 미국과 일본에서 두 가지 방향으로 이루어졌다. 하나는 미국과 일본의 주요 인사를 상대로 유신 정권의 문제점을 지적하면서 대한 정책 변화를 유도하는 것이며, 다른 하나는 미국과 일본에 거주하는 한인들을 조직해서 반유신 투쟁의 동력을 확보하는 것이었다. 이때 김대중이 해외 한인들을 조직해서 결성한 반유신 단체가 한민통이다. 한민통은 1973년 7월 6일 미국에서 준비위원회가 구성되면서 공식화되었고, 일본에서는 8월 4일 김대중과 재일 한인 운동가들이 3대 원칙에 합의하여 결성 작업이 본격화되었다. 김대중이 8월 8일 납치 테러를 당하는 비상 상황이 발생했지만, 한민통 결성을 위한 핵심 준비 작업은 이미 마무리된 상태였다. 그래서 일본 한민통은 8월 13일 발기 대회, 8월 15일 선언 대회를 통해서 공식 출범했으며, 미국 한민통은 8월 19일 공식 출범했다.

한민통은 김대중과 한국 민주화 운동 모두에 큰 의미를 갖는다. 첫째, 김대중은 한국민주회복통일촉진국민회의(한민통)의 명칭을 지었는데, 이 명칭에서 알 수 있듯이 그는 분단과 독재, 평화·통일·민주주의 사이의 역사적, 국제적 관계를 중시했다. 그리고 대중 운동 조직인 한민통을 통해서 이 구상을 현실화시키려고 했다. 이처럼 민주화와 평화 통일을 전면에 내세우는 정치 사회 단체가 1973년 유신 정권 초기에 등장했다는 것은 역사적인 의미가 크다.

둘째, 김대중은 한민통을 국내외를 포괄하는 조직으로 규정했는데, 이는 국내와 해외 역량의 연대를 목표로 한 최초의 민주 통일 단체라는 점에서 의미가 크다. 또한 한국의 민주화 운동 역사에서 국내외를 연계한 대중 투쟁 조직을 지향한 곳은 한민통이 유일무이했다는 역사적 의의가 있다.

셋째, 한민통은 유신 정권 시절 국내외를 통틀어서 유신 체제에 맞서 가장 강력한 투쟁을 전개한 한인 운동 조직이었다. 유신 정권의 강력한 탄압으로 국내의 각종 저항 운동은 크게 위축되었고, 특히 집회와 시위 등 대중 차원의 행동이 매우 어려웠다. 이때 한민통은 해외에서 유신 정권의 각종 문제점을 날카롭게 비판하는 행동을 지속해서 유신 정권에 큰 부담을 주었다. 미국 한민통은 미국의 리버럴 성향의 정치인, 지식인 등과 지속적으로 소통하면서 유신 정권의 반민주적 인권 유린 행태를 알렸다. 미국 한민통은 한국에 가장 큰 영향을 주는 미국을 중심으로 활동했기 때문에 유신 정권은 큰 부담을 느꼈다. 한편, 막강한 조직력을 갖추고 있던 일본 한민통은 당시 아시아에서 가장 국제화된 도시인 도쿄를 기반으로 활동했다. 무엇보다 국내와 지리적으로 가까운 일본에서 활동했기 때문에 유신 정권은 이들의 활동에 크게 신경을 썼다. 이처럼 한민통은 국내에서의 저항이 약화되었던 유신 정권 시절, 박정희 정권을 상대로 강력한 투쟁을 전개했다.

넷째, 한민통은 국내외를 통틀어서 김대중이 주도적으로 조직한 최초의 대중 조직이었다. 김대중은 1960년대 중반 국내에서 내외문제연구소를, 1973년 1차 망명 때에는 동아세아문제연구소(납치 전에 한국민주제도통일문제연구소로 개칭) 등의 개인 연구소를 만든 적은 있다. 그러나 정치 사회적인 성격의 대중 조직을 만든 적은 없었다. 납치 테러 사건이 발생하지 않았다면 김대중은 한민통 총본부의 최고책임자(총재나 의장)가 되었을 것이다. 김대중이 1971년 대선 후보였지만 당대표를 한 적이 없었다는 것을 감안하면, 그가 정치 사회 조직의 첫 번째 리더가 되는 곳은 한민통이 될 뻔했다. 이처럼 한민통은 김대중과 한국 민주화 운동사에서 다양한 의미를 갖고 있다.

김대중이 1차 망명 투쟁에서 이룬 중요한 성과는 해외 한인들을 조직화해서 한민통을 결성한 것이다. 이것을 포함해서 미국과 일본의 주요 인사들을 상대로 한 김대중의 망명 투쟁이 성과를 거두게 되자, 유신 정권은 김대중의 활동이 이어지는 것을 막고자 했다. 유신 정권 입장에서는 김대중의 자진 귀국이 최선의 결과였다. 그래서 부인 이희호에 대한 회유와 협박을 통해 김대중이 자진 귀국하도록 유도했지만 결과는 실패였다. 이희호는 김대중의 망명 투쟁을 지지했고, 김대중 역시 망명 투쟁을 지속하기로 결심했기 때문에 유신 정권의 의도는 성공할 수 없었다.

그래서 발생한 것이 납치 테러 사건이었다. 납치 테러는 자진 귀국과 달리 불법적인 행위였으며, 국제 사회에서 한국의 국격을 무너뜨리는 매우 심각한 범죄 행위였다. 그럼에도 불구하고 유신 정권은 해외에서 김대중의 활동이 세력을 얻어 가는 것을 방치할 수 없다는 판단에서 결국 납치 테러 사건을 일으켰다. 김대중은 미국의 개입 때문에 구사일생으로 목숨을 건질 수 있었고, 그가 살아 돌아오자 납치 테러 사건이 세상에 알려지게 되었다. 한일 양국 정부는 정치 결착을 통해 사건의 진상을 은폐하려고 했지만, 유신 정권을 향한 국내외 비판 여론을 막을 수 없었다. 결국 이 사건은 유신 정권의 위기를 초래하는 배경이 되었다. 이처럼 한민통 조직 등, 김대중 1차 망명 투쟁은 유신 정권에 큰 타격을 주었다는 점에서 역사적 의미가 크다.